JUDITH WILLS

Ein flacher Bauch in 15 Tagen

Judith Wills hat bereits erfolgreiche Ernährungs- und Fitnessratgeber veröffentlicht. Sie schreibt jede Woche eine Kolumne zum Thema «Ernährung» in einer der größten Tageszeitungen Englands und tritt regelmäßig in Rundfunk- und Fernsehsendungen auf.

JUDITH WILLS

Ein flacher Bauch in 15 Tagen

Das einfache Sofortprogramm mit Langzeitwirkung

Aus dem Englischen übersetzt von Barbara Orth

BECHTERMÜNZ VERLAG

Lizenzausgabe mit Genehmigung der
GUSTAV LÜBBE VERLAG GmbH
für Bechtermünz Verlag im
Weltbild Verlag GmbH, Augsburg 1997

Umschlagmotiv: TCL/Bavaria, Gauting
Umschlaggestaltung: Adolf Bachmann, Reischach
Gesamtherstellung: Ebner Ulm
Printed in Germany
ISBN 3-86047-379-4

Inhalt

Einleitung

Mein Buch *Ein flacher Bauch in 15 Tagen* ist vor einem Jahr erstmals in England erschienen. Seither erhalte ich immer wieder Briefe von dankbaren Lesern und Leserinnen.

«Ich bin so glücklich, daß ich endlich Ihr Buch kennengelernt habe – die einzige Methode, mit der es mir gelungen ist, meinen Bauch und meine Taille beinahe über Nacht in Form zu bringen.»

«Ich fand die Ernährungstips ebenso wertvoll wie die Gymnastikübungen.»

«Ich habe meine ganze Energie in das Programm gesteckt, so wie Sie es in Ihrem Buch fordern – und es hat tatsächlich geholfen. Ich danke Ihnen sehr.»

«Die Rezepte schmecken der ganzen Familie – und ich bin ganz begeistert von meiner neuen Figur. Mit nur einer Stunde in der Woche halte ich mich weiter in Form.»

«Ich dachte immer, mein Bauch sei ein hoffnungsloser Fall, jedenfalls hatte mir bisher nichts geholfen. Ihr Buch hätte mich schon vor Jahren von meinen Figurproblemen erlösen können. Warum haben Sie es nicht eher geschrieben?»

Ja, warum eigentlich nicht? Ich habe das Bauch-weg-Programm 1989 entwickelt, und zwar aus ganz egoistischen Gründen: Ich mußte endlich etwas tun, um meinen Bauch und meine Taille in Form zu bringen. Wissen Sie, auch ich bin weder eine Jane Fonda oder Raquel Welch noch eine professionelle Gymnastiklehrerin, auch wenn ich in den letzten fünfzehn Jahren nichts anderes getan habe, als gesundheitsbewußten Menschen beizubringen, wie sie in Sachen Fitneß und Ernährung zwischen Richtig und Falsch unterscheiden können. Ich hatte selten mit Übergewicht zu kämpfen, doch sobald es um Gymnastik- und Sportübungen ging, konnte meine Empfehlung immer nur lauten: «Machen Sie es nicht so, wie ich es mache – machen Sie es so, wie ich es sage.»

Wie gut kann ich mich an die verzweifelte Suche nach einem Kleid erinnern, das oben herum Größe 40, in der Bauchgegend jedoch mindestens Größe 44 haben mußte. Und wie ungerecht fand ich das Leben, wenn jedes Paar Jeans, das ich in der Boutique anprobierte, an den Beinen zwar perfekt saß, der Reißverschluß sich aber partout nicht schließen ließ. Geradezu erschüttert war ich, wenn mir jemand zu meiner Schwangerschaft gratulierte, obwohl mein Baby schon ein paar Monate alt war.

Ich kann mich auch sehr gut in die Lage der Millionen von Männern versetzen, die jeden Morgen vor derselben bedeutenden Entscheidung stehen: Ziehe ich die Hose diesmal über den Bierbauch hinüber, zerre ich sie mühsam auf die Bauchmitte, oder klemme ich den Bund der Bequemlichkeit halber doch lieber darunter?

Glauben Sie mir, zum Thema «Bauch» gibt es nichts, was ich nicht weiß. Schon als schlaksiger Teenager besaß ich einen Bauch, der sich allen Schlankheitskuren hartnäkkig widersetzte. Mit zwanzig dehnte sich mein Bauch dann noch weiter aus und bestrafte mich für meine Trägheit und die vielen Stunden, die ich an der Schreibmaschine zubrachte. Und mit dreißig gaben mir zwei Schwangerschaften den Rest.

Ich hatte höchstens drei Kilo Übergewicht, und trotzdem brachte es meine Taille vor anderthalb Jahren auf den stattlichen Umfang von 80 Zentimetern. Mein Bauch maß gar stolze 88 Zentimeter. Natürlich habe ich noch all die schrecklichen Fotos, die mich an diese Zeit erinnern.

Irgendwann fing mein Mann an, Witze zu machen. Ob er sich meinen Rettungsreifen für sein Auto borgen könne. In Badeanzügen, Bodys und engen Kleidern sah ich erschreckend aus. In Lycra wirkte ich wie eine eingezwängte Wurst, Bikinis und knappe Höschen waren schlechterdings untragbar für mich. Geradegeschnittene Röcke waren eine einzige Katastrophe, und wenn ich einen Gürtel trug, mochte ich mich gar nicht mehr anschauen.

Tatsache ist jedenfalls, daß ein unförmiger Bauch einen ansonsten perfekten Körper ruinieren kann. Und umgekehrt. Wenn Sie zu den eher vollschlanken Frauen gehören, können ein paar Pfund weniger an Bauch und Taille schon dazu führen, daß Sie nicht mehr als dick, sondern als sexy gelten. Und für alle Männer gilt: In jedem bierbäuchigen Dickwanst steckt ein knackiger, attraktiver Mann, der nur darauf wartet, sich endlich zu zeigen.

Sehen wir den Problemen also ins Auge: Bestimmt wünschen Sie sich nichts sehnlicher als einen schlanken, festen flachen Bauch und eine schmale Taille. Umfragen haben mir bestätigt, daß vier von fünf Personen mit ihrer Bauchpartie unzufrieden sind. Für sie alle gibt es jetzt ein einfaches Erfolgsrezept: *Ein flacher Bauch in 15 Tagen.*

Während der letzten Jahre habe ich die verschiedensten Fitneßprogramme ausprobiert, aber keins hat meinem Bauch und meiner Taille nennenswerte Erfolge gebracht. Also versuchte ich mich damit abzufinden, daß an meiner Figur einfach nichts zu ändern ist. Doch dann hatte ich plötzlich eine Idee: Ich würde nicht länger die Methoden anderer Leute ausprobieren, sondern etwas tun, was sich schon einmal bewährt hatte. Als ich nach meiner letzten Schwangerschaft keine geeignete Diät fand, die mir half, etwa sechs Kilo zu verlieren, entwickelte ich mir ein eigenes Programm. Schließlich war ich nicht umsonst Ernährungsberaterin und gab eine Zeitschrift über Fitneß und Ernährung heraus. Tatsächlich funktionierte das Programm zunächst bei mir und anschließend bei Tausenden anderer Frauen.

Ich beschloß also, dasselbe für mein Bauchproblem zu versuchen: Ich würde das perfekte Bauch-weg-Programm konzipieren – für mich und Sie.

Dieses Programm durfte auf keinen Fall zu kompliziert werden, denn wer kann und will sich komplizierte Abläufe einprägen? Außerdem durften die Übungen nicht zu anspruchsvoll sein, schließlich war ich selbst völlig untrainiert. Aber sie mußten langsam schwieriger werden, sonst funktionierte das gesamte Programm nicht. Und die letzte Bedingung war: Mein Programm mußte schnelle Erfolge bringen, damit ich nicht die Lust verlor. Aus Erfahrung wußte ich, daß alles, was ich aß, eine direkte Auswirkung auf die Form meines Bauchs hatte. Also mußte die richtige Ernährung ein wesentlicher Bestandteil meines Plans werden.

Nach langem Herumprobieren, vielen Versuchen und Mißerfolgen und mit einer großen Portion gesundem Menschenverstand entstand schließlich das Bauch-weg-Programm. Eine vernünftige Ernährung, einige Gymnastikübungen, ein paar geringfügige Änderungen meiner Lebensgewohnheiten sowie etwas Rücksicht auf meine Körperhaltung verhalfen mir am Ende zu einem flachen

Bauch. Der Umfang meines Bauchs verringerte sich um acht Zentimeter, meine Taille wurde sogar zehn Zentimeter schmaler. Und mit dem eigens von mir entwickelten Konzept der «Positiv-Neutral-Negativ-Ernährung» fällt es mir nicht schwer, meine Traumfigur auch weiterhin zu behalten.

Jetzt sollen Sie das Programm selbst ausprobieren. Glauben Sie mir, Sie können einen strafferen Bauch und eine schmalere Taille haben, als Sie je für möglich hielten. Schon nach kurzer Zeit werden Sie erste Erfolge erzielen, und am Ende der fünfzehn Tage werden Sie eine enorme Verbesserung feststellen. Dazu müssen Sie lediglich das Programm gründlich lesen und es dann ehrlich und genau befolgen. Egal wie schlaff oder dick Ihr Bauch jetzt ist: Sie können ihn *besiegen*!

Das Gymnastikprogramm ist völlig ungefährlich, davon habe ich mich überzeugt. Sie können die Übungen problemlos ausführen, egal ob Sie zu den Supersportlern gehören oder ob Sie sich so wie ich jahrelang eher wenig bewegt haben. Denn jede einzelne der sechs Bauchübungen ist in drei Schwierigkeitsstufen unterteilt. Sie beginnen jeweils mit Stufe 1, das ist die einfachste Stufe. Wenn Sie diese beherrschen, versuchen Sie Stufe 2, als letztes schließlich Stufe 3. Auf diese Weise können Sie das Trainingsprogramm genau auf Ihre persönlichen Voraussetzungen abstimmen. Außerdem machen die Übungen Spaß, sie sind unkompliziert und erfordern keine besondere Ausrüstung. Das einzige, was Sie wirklich brauchen, ist Zeit: jeden Tag etwa 30 –40 Minuten. Und wenn Sie Ihren Bauch erst so weit in Form haben, wie Sie es wünschen, kostet es Sie kaum mehr als eine Stunde in der Woche, um Ihre Figur beizubehalten.

Das Konzept der Positiv-Neutral-Negativ-Ernährung ist einzigartig. Es ist einfach und gesund und sowohl für Leute geeignet, die mit ihrem Gewicht zufrieden sind als auch für solche, die ein paar Pfunde loswerden wollen. (Männer können innerhalb der fünfzehn Tage bis zu 4,5 Kilo verlieren, Frauen bis zu 3,5 Kilo.)

Denken Sie daran, ich verlange nur eins von Ihnen: Sie müssen jeden Tag vollen Einsatz leisten, während Sie das Programm befolgen. Versprochen? Dann kümmere ich mich um den Rest.

Sie können sich darauf freuen, endlich wieder die Badeanzüge und Kleider zu tragen, in denen Sie vorher eine so miserable Figur gemacht haben – und das vielleicht in einer Größe, von der Sie vorher nie zu träumen gewagt hätten. Sie werden ein ganz neues Selbstvertrauen gewinnen. Außerdem können Sie mit Hilfe meines Programms eine Menge für Ihre Gesundheit tun: Lästige Rückenschmerzen und Verspannungen in der Schulter verschwinden ebenso wie Verdauungsstörungen und Menstruationsbeschwerden.

Ich habe das Programm durchgehalten, und Tausende andere haben es ebenfalls durchgehalten. Auch Sie schaffen es, denn es ist ganz einfach, wenn Sie einmal wissen wie es funktioniert. Blättern Sie also um, damit wir anfangen können!

Ursache und Wirkung

Wie kommt es eigentlich, daß wir solche Schwierigkeiten haben, ausgerechnet unseren Bauch in Form zu halten?

Dieses Problem betrifft keineswegs nur die Leute, die ohnehin ein paar Pfunde abspecken müßten. Im Gegenteil, bei einem ansonsten eher schlanken Menschen fällt ein runder Bauch sogar besonders stark auf. Betroffen sind auch nicht nur Frauen, die mehrere Schwangerschaften hinter sich haben, oder Männer, die gern ein Glas Bier trinken.

Es gibt Dutzende von gesunden, schlanken jungen Leuten mit straffen Armen und Oberschenkeln, die um den Bauch herum üppig gepolstert sind. Auf dem Laufsteg und sogar in Werbeprospekten für Bademoden habe ich Top-Models mit deutlichem Bauchansatz gesehen; dasselbe Phänomen habe ich auch bei Sportlern beobachtet (und damit meine ich nicht nur Schachspieler!).

«Was also tun?» werden Sie jetzt fragen. Ist es wirklich so schlimm, wenn wir den Bauch ein kleines bißchen vorstrecken? Ich finde schon. Denn ein dicker Bauch ist nicht nur unschön und unmodern, er könnte auch ein Hinweis auf die verschiedensten gesundheitlichen Probleme sein, und die sollte man wirklich ernst nehmen. Mit Ihrem Bauch verschwinden gewöhnlich auch diese Probleme, und Sie werden ein gesünderer und zugleich glücklicherer Mensch.

Überlegen wir einmal, welches die Ursachen für Ihren runden Bauch sein könnten. Denn wenn wir die Ursachen nicht kennen, können wir auch die Probleme nicht lösen.

Liegt es am Fett?

Wenn Sie Übergewicht haben, ist Ihr schlaffer Bauch wahrscheinlich nichts weiter als überflüssiges Fett. In diesem Fall müßten Sie jedoch *am ganzen Körper* üppig gepolstert sein.

Frauen neigen dazu, zunächst an Hüfte und Oberschenkeln Fett anzusetzen, erst dann kommt der Bauch an die Reihe. Doch diese Fettpolster sollten nur eine auffällige Verlängerung der Hüftlinie sein. Das Fett sollte gleichmäßig verteilt sein und nicht als plötzliche Wölbung im unteren Bauchbereich auftreten. Wenn Sie unterhalb der Taille ein Lineal oder einen Stock gegen die beiden vorderen Beckenknochen drücken, sollten Ihr Bauch dem Lineal keinen Widerstand bieten, auch nicht bei einer dünnen Fettschicht.

Wenn Sie kein Übergewicht haben und diesen Test trotzdem nicht bestehen, kann das nicht nur daran liegen, daß Sie am Bauch zuviel Fett angesetzt haben. Wenn Sie jemals Übergewicht *hatten* oder wenn Sie zu den Frauen gehören, die dazu neigen, um die Hüfte etwas mehr Fett anzusetzen, muß ich Ihnen klar und deutlich sagen, daß die Lösung für Sie *nicht* darin besteht, noch mehr Hungerkuren auszuprobieren. Sie würden am ganzen Körper dünner werden, und trotzdem würde Ihr Bauch nicht verschwinden. Hungerkuren helfen nicht, Fett an bestimmten Stellen des Körpers loszuwerden, auch wenn viele

Fastenkuren genau das versprechen. Schließlich kann Ihr Körper nicht ahnen, wo genau Sie Fett loszuwerden erhoffen – so schlau ist er nicht. Wenn Sie also nicht generell an Übergewicht leiden, sind Fastenkuren keine Lösung für Sie.

Haben Sie Übergewicht? Überprüfen Sie dies mit Hilfe der untenstehenden Gewichtstabelle. Keine Tabelle kann Ihnen Ihr persönliches Idealgewicht bis aufs Pfund genau angeben, doch wenn Ihr Gewicht im Bereich des angegebenen Höchstgewichts liegt, sind Sie vermutlich zu schwer. Überschreitet es diesen Bereich, sollten Sie unbedingt abnehmen. Natürlich können Sie mein Programm

Gewichtstabelle für Frauen

Größe	*Idealgewicht*	*Mindest-/Höchstgewicht*
1,50 Meter	47,25 kg	42,75–55,5 kg
1,52 Meter	48,75 kg	44–57 kg
1,55 Meter	50 kg	45–58 kg
1,57 Meter	51,5 kg	46,5–59,5 kg
1,60 Meter	52,75 kg	47,75–61 kg
1,62 Meter	54,5 kg	49–62,75 kg
1,65 Meter	56 kg	50,5–64,5 kg
1,67 Meter	58 kg	52–66 kg
1,70 Meter	60 kg	54–68 kg
1,73 Meter	61 kg	55,5–70 kg
1,75 Meter	63,5 kg	57–72 kg
1,78 Meter	65,5 kg	59–74 kg
1,80 Meter	67 kg	61–76 kg

trotzdem befolgen, dann verlieren Sie nicht nur Gewicht, sondern haben am Ende der Diät auch garantiert einen flachen und straffen Bauch.

Wenn Sie dagegen einfach irgendeine Hungerkur machen, werden Sie bald feststellen, daß Sie zwar Pfunde verlieren, nicht aber Ihren Bauch!

Liegt es an einer schwachen Bauchmuskulatur?

Eine wesentliche, wenn auch sicher nicht die einzige Ursache für Ihren vorstehenden Bauch sind vermutlich schwach ausgebildete Muskeln. Um zu verstehen, wie wichtig trainierte Muskeln für einen flachen Bauch sind, müssen Sie ein wenig über das wissen, was sich unter der schlaffen äußeren Hülle verbirgt.

Im Bauch liegen verschiedene Organe, die größten sind die Därme. Diese werden von unten durch das Becken und das Gesäß gehalten und von vorn lediglich durch die Bauchmuskeln und die Haut. Die Bauchmuskeln verlaufen durch die gesamte Bauchdecke, senkrecht und waagerecht und kreuz und quer; sie sind mit Hüft-, Oberschenkel-, Rippen- und Rückenmuskeln verbunden.

Die wichtigsten Muskeln unseres Körpers werden ständig beansprucht, auch bei den einfachsten Bewegungen. Unsere Beine müssen unseren Körper tragen, die Arme schleppen Einkaufstaschen oder kleine Kinder. Unsere Bauchmuskeln jedoch werden so gut wie nie beansprucht, vor allem dann nicht, wenn wir häufig und lange sitzen. Deshalb verlieren sie schnell Form und Spannung. Haben wir einmal Gelegenheit, unsere Bauchmuskeln zu belasten, weichen wir dieser nur allzugern aus. Wenn wir uns zum Beispiel auf einen Stuhl setzen, sollten wir dafür eigentlich die Bauchmuskeln zu Hilfe nehmen. Statt dessen wählen wir einen wesentlich bequemeren Weg: Wir lassen uns einfach fallen. Zum Einsatz kommen dabei nur unsere Knie und die Erdanziehungskraft, sonst nichts.

Muskeln müssen regelmäßig trainiert werden, damit sie in Form bleiben. Und da unsere Bauchmuskeln diese vielen Organe stützen müssen, sollten wir uns besonders um sie kümmern. Mit ein wenig Anstrengung können auch die schwächsten Bauchmuskeln wieder stark und kräftig werden. Wie elastisch sie sind, beweist die Tatsache, daß viele Frauen auch nach einer Schwangerschaft wieder einen flachen Bauch bekommen können.

Sicher werden Sie nun einwenden, daß Sie das alles längst wissen und schon unzählige Gymnastikprogramme für den Bauch ausprobiert haben – jedoch ohne Erfolg.

Ich glaube Ihnen. Denn tatsächlich können Sie täglich 100 Klappmesser-Übungen ausführen, ohne daß sich Ihr Bauch auch nur im geringsten verändert. Statt dessen handeln Sie sich Rückenschmerzen ein und trainieren Muskeln Ihres Körpers, die das eigentlich gar nicht nötig haben.

Das Problem ist, daß Sie mit Klappmesser-Übungen lediglich *einen Teil* Ihrer Bauchmuskeln beanspruchen, vor allem den oberen Teil des *Rectus abdominus*. Deshalb finden Sie in meinem Programm auch kein einziges klassisches Klappmesser – es gibt viel wirkungsvollere Übungen für die Bauchmuskulatur. Vielleicht haben Sie dieses Buch bereits bis zum Ende durchgeblättert und sind dabei auf Übungen gestoßen, die Sie zu kennen glauben und sogar schon selbst ausprobiert haben. Möglicherweise stimmt das tatsächlich, aber ich würde jede Wette eingehen, daß Sie meine einzigartige *Kombination* von Übungen noch nicht kennen. Und erst recht wette ich, daß Sie noch nicht gelernt haben, wie man diese Übungen *richtig* ausführt. Und das ist von entscheidender Bedeutung.

Mit der richtigen Methode, die weder langwierig noch zeitaufwendig sein muß, bekommen Sie wieder feste, straffe Bauchmuskeln, die Ihnen nicht nur einen flachen Bauch bescheren, sondern auch eine schöne Taille. Außerdem fühlen Sie sich mit durchtrainierten Bauchmuskeln im ganzen einfach wohler. Aber damit wären wir bereits bei der nächsten Frage . . .

Liegt es an Ihrer Haltung?

Zweifellos spielt die Körperhaltung eine entscheidende Rolle für die Form Ihres Bauches. Leute mit runden Bäuchen haben fast immer einen Haltungsschaden.

Idealerweise sollten Sie ganz natürlich stehen. Eine vertikale Linie sollte vom Ohr über Schultern und Hüftknochen zu den Füßen verlaufen (die Wirbelsäule ist natürlich gekrümmt, deshalb sollte man nicht versuchen, stocksteif durch die Welt zu marschieren). In Wahrheit stehen und bewegen sich aber viele Leute mit einem Hohlkreuz: der Rücken ist übertrieben nach hinten gekrümmt. Dabei schiebt sich der Beckenboden automatisch nach vorn (der hintere Teil des Beckens hebt sich, der vordere Teil senkt sich), und auch der Bauch wird unwillkürlich nach vorn gestreckt. Wenn diese Haltung zur Gewohnheit wird, werden die Rückenmuskeln mit der Zeit kürzer, während sich die Bauchmuskeln dehnen, somit schwächer werden und die ganze Sache zusätzlich verschlimmern.

Wenn Sie sich nun entschließen, Ihre Haltung zu korrigieren, brauchen Sie zusätzlich zu Ihrem festen Willen auch die richtigen Gymnastikübungen, die Ihren Bauchmuskeln wieder die ursprüngliche Form geben.

Eine schlechte Haltung kann in einen wahren Teufelskreis führen: Je schwächer Ihre Bauchmuskeln werden, desto weniger vermögen sie Ihren Rücken zu stützen und desto ausgeprägter wird Ihr Hohlkreuz. Wenn Ihnen der Rücken also häufig Probleme bereitet und Ihr Bauch sich in miserabler Form präsentiert, liegt das wahrscheinlich daran, daß Sie so selten auf eine korrekte Haltung achten.

Das 15tägige Programm wird Ihnen zu einer besseren Körperhaltung verhelfen, und Sie werden sich wundern, wie rasch Sie auch bei Ihrem Rücken und Ihrem Bauch Fortschritte erzielen. Sowohl Bauch als auch Rücken werden kräftiger und unterstützen Ihre Haltung; Ihre Haltung wird besser und unterstützt Bauch und Rücken. Das nennt man gute Zusammenarbeit!

Liegt es an Ihrer Ernährung?

Wenn Ihr Bauch sich angespannt, unangenehm oder gebläht anfühlt statt weich und locker, ist das garantiert auf Ihre Ernährung zurückzuführen.

1. Bestimmte Nahrungsmittel führen dazu, daß unsere Körperzellen vermehrt Flüssigkeit speichern. Vor allem bei Frauen sammelt sich diese Flüssigkeit in der Bauchgegend; das Problem verstärkt sich häufig in den sieben bis zehn Tagen vor und in den ersten Tagen während der Regelblutung. Sie können leicht feststellen, ob auch Ihr Körper übermäßig Flüssigkeit speichert. Wenn Sie nur selten

auf die Toilette müssen, obwohl Sie normale Menge trinken, sind Sie wahrscheinlich betroffen. Dasselbe gilt, wenn bei Ihnen Busen oder Gelenke stark anschwellen. Mit der richtigen Ernährung bekommen Sie dieses Problem rasch in den Griff.

2. Eine falsche Ernährungsweise kann Ihre Verdauung beeinträchtigen und dazu führen, daß im Darm unangenehme Gase produziert werden. Viele Menschen klagen über ballonartig aufgeblähte Bäuche, vor allem nach den Mahlzeiten. Gase sind ein natürliches Nebenprodukt des Verdauungsprozesses; der Genuß bestimmter Nahrungsmittel führt jedoch zu einer ungewöhnlich starken Gasproduktion und zu diesem aufgeblähten Gefühl im Bauch.

Manche Leute schlucken viel Luft beim Essen, was ihre Bäuche zusätzlich anschwellen läßt.

3. Sie werden niemals einen vollkommen flachen Bauch haben, wenn Sie an Verstopfung leiden. Ihre Verdauung muß regelmäßig funktionieren. Die gymnastischen Übungen in diesem Buch werden die Spannkraft der Muskeln verstärken, die für die Verdauungsarbeit verantwortlich sind – aber noch wichtiger ist, was und wie Sie essen.

Das Bauch-weg-Programm berücksichtigt alle Ernährungsfaktoren. Mit Hilfe des von mir entwickelten, einzigartigen Konzepts der Positiv-Neutral-Negativ-Ernährung sowie des 15tägigen Ernährungsplans können Sie Ihre ganz persönlichen Probleme in den Griff bekommen.

Fassen wir zusammen:

- Schuld an Ihrem unansehnlichen Bauch sind wahrscheinlich mehrere Faktoren.
- Ihr Bauch ist kein hoffnungsloser Fall.
- Das Bauch-weg-Programm wird Ihnen garantiert Erfolg bringen.

Die Kraft der positiven Ernährung

Essen für einen flachen Bauch

Wie haben Sie sich in der letzten Zeit ernährt?

Vielleicht haben Sie viel gearbeitet und Ihrer Ernährung kaum Aufmerksamkeit geschenkt: schnell ein Hamburger hier, ein Käsesandwich dort. Dazu Konserven, viel Cola, Tee und Kaffee, zwischendurch einen Schokoladenriegel.

Vielleicht trifft das auf Sie auch überhaupt nicht zu. Sie gehören vielmehr zu den Leuten, die sich einer bewußten und gesunden Ernährungsweise rühmen: viel Getreide, Müsli, Vollkorn-Teigwaren, Reis, Kartoffeln und Hülsenfrüchte.

Sicher wundert es Sie, wenn ich nun behaupte, daß falsche Ernährung in *beiden* Fällen die Ursache für Ihr Bauchproblem ist.

Im vorhergehenden Kapitel habe ich Ihnen erklärt, daß ein dicker Bauch nicht nur auf Bewegungsmangel zurückzuführen ist. Was und wie Sie essen kann dazu führen, daß Ihr Körper verstärkt Flüssigkeit anreichert, es kann Ursache sein für eine Überproduktion von Gasen und für Verstopfung. Wie stark sich dies wiederum auf die Form Ihres Bauches auswirkt, hängt von Ihrer körperlichen Konstitution ab. Doch glauben Sie mir, die richtige Ernährung ist für die meisten von uns von entscheidender Bedeutung.

Wenn Sie das Bauch-weg-Programm befolgen, können

Sie ganz sicher sein, daß Sie sich in einer Weise ernähren, die Ihr Bauchproblem nicht noch zusätzlich verstärkt!

Das Bauch-weg-Programm funktioniert nach dem Positiv-Neutral-Negativ-Ernährungsprinzip.

Das heißt ganz einfach, daß Sie möglichst viele *Positive Nahrungsmittel* zu sich nehmen sollten, das sind solche, die Ihnen zu einem flachen Bauch verhelfen.

Weiterhin essen Sie, was Sie mögen, aus der Liste der neutralen Nahrungsmittel – Nahrungsmittel, die weder besonders gute noch besonders schädliche Auswirkungen für Ihren Bauch haben.

Als letztes sollten Sie Nahrungsmittel der Negativ-Gruppe soweit wie möglich meiden. Dazu gehören alle die Nahrungsmittel, die dazu beitragen, daß Ihr Bauch so dick und unansehnlich ist.

Wenn Sie sich einen richtig flachen Bauch wünschen, müssen Sie ständig darauf achten, daß Sie sich «gesund ernähren». Mit meinem Programm lernen Sie, sich gesund zu ernähren, und zwar so, daß Ihr Bauch möglichst bald verschwindet.

Schauen wir uns die Probleme mit dem dicken Bauch doch noch einmal genau an, um herauszufinden, wie eng sie mit unserer Ernährungsweise zusammenhängen.

Flüssigkeitsanreicherung

Wenn Sie gesund sind, können Sie die Flüssigkeitsmenge, die Ihr Körper speichert, weitgehend selbst kontrollieren. Es gibt zwar Menschen, die mehr Flüssigkeit benötigen als andere – das gilt vor allem für Frauen in den Tagen vor der Regelblutung und während einer Schwangerschaft –, doch grundsätzlich hängt es von der Ernährung ab, wieviel Flüssigkeit sich im menschlichen Körper anreichert.

Um zu überleben, benötigt der Mensch eine gewisse Menge an Flüssigkeit. Sie besteht vorwiegend aus Wasser und Salzen. Ohne diese Flüssigkeit sind unsere Körperzellen nicht lebensfähig, der Körper würde regelrecht vertrocknen. Doch jegliche Flüssigkeit, die über diese Menge hinausgeht, ist entbehrlich. Gewöhnlich ist es der Gesundheit sogar ausgesprochen förderlich, auf zusätzliche Flüssigkeit zu verzichten. Schon viele Frauen haben die Erfahrung gemacht, daß eine Entschlackungskur sie von prämenstruellen Beschwerden befreit.

Wenn Sie an Flüssigkeitsüberschuß leiden, sammelt sich dieser häufig in der Gegend um den Bauch. Eine Entschlackungskur kann daher einen Verlust von mehreren Pfunden bedeuten – und diese Pfunde verlieren Sie hauptsächlich an Bauch und Hüfte!

Wie funktioniert nun so eine Entschlackungskur?

Zu den am stärksten flüssigkeitsbindenden Nahrungsmitteln gehören Stärke und Salz.

Stärke

Nahrungsmittel aus Getreide, beispielsweise Brot und Frühstücksflocken, zählen zu den stärkehaltigsten Nahrungsmitteln. Auch Kartoffeln enthalten Stärke, außerdem Hülsenfrüchte und Wurzelgemüse, letztere jedoch in geringerem Maße.

Stärke gehört zur Familie der Kohlenhydrate, zu der auch Obst, Gemüse und Zucker zählen. Aber Stärke unterscheidet sich von diesen Kohlenhydraten (und von anderen Energielieferanten wie Fetten und Proteinen) insofern, als sie große Mengen Wasser benötigt, um im Körper verwertet zu werden. Stärkeprodukte «saugen» sich auf dem Weg durch unser Verdauungssystem buchstäblich voll Wasser – Wasser, das sonst rasch durch das Verdauungssystem laufen und aus dem Körper ausgeschieden würde.

Wir alle benötigen in unserer täglichen Nahrung eine bestimmte Menge Kohlenhydrate: Etwa 50 Prozent unserer Kalorien sollten aus Kohlenhydraten stammen. Um die Ansammlung von Flüssigkeit zu vermeiden und trotzdem genügend Kohlenhydrate aufzunehmen, ist es wichtig, daß Sie sich die wertvollen Kohlenhydrate aussuchen. Sie können viel für Ihre Gesundheit tun, wenn Sie sich vorwiegend mit den weniger stärkehaltigen Kohlenhydratspendern Obst und Gemüse ernähren und auf stärkehaltige Produkte wie Brot und Cornflakes weitgehend verzichten.

Ich verlange von Ihnen nicht, sämtliche Stärkeprodukte für alle Zukunft aus Ihrem Speiseplan zu verbannen, nur eine Gruppe sollte wirklich tabu sein: verfeinerte Stärkeprodukte. Dazu gehören außer Weißbrot alle Nahrungsmittel, die weißes Mehl enthalten, also Teigwaren aus Weizen, Kuchen und Kekse. Diese verfeinerten Stärkeprodukte tragen nicht nur am meisten zur Flüssigkeitsspeicherung in Ihrem Körper bei, sie sind auch aus ernährungswissenschaftlicher Sicht absolut entbehrlich. Die Stärke, die Sie zu sich nehmen, sollte hauptsächlich aus Wurzelgemüsen und Hülsenfrüchten stammen, außerdem sind mäßige Mengen unverfeinerten Getreides wie Vollkornbrot, Reis und Teigwaren gestattet. Diese Nahrungsmittel führen zwar ebenfalls zu einer gewissen Flüssigkeitsanreicherung, da sie jedoch sonst als wertvoll gelten, können sie nicht als negatives Nahrungsmittel bezeichnet werden.

Sie zählen zu den neutralen Nahrungsmitteln, die in meinem Bauch-weg-Programm durchaus erlaubt sind, allerdings in Maßen.

Merken Sie sich also unbedingt: Eine stärkehaltige Ernährungsweise (vor allem mit weißen, verfeinerten Stärkeprodukten) kann dazu führen, daß Ihr Körper eine große Menge zusätzlicher Flüssigkeit speichert. Diese sammelt sich vor allem in der Bauchgegend und kann bis zu fünf Pfund wiegen (bei Männern sogar noch mehr). Eine stärkehaltige Ernährung kann Ihren Bauch also extrem aufblähen.

Versuchen Sie doch, sich einmal an den Abend zu erinnern, an dem Sie das letzte Mal so richtig groß ausgegangen sind und für den Sie zuvor extra ein paar Tage gefastet hatten. Sicher haben Sie, noch ehe Sie die Bestellung aufgaben, bereits an einem Stück Weißbrot geknabbert. Anschließend gab es einen Krabbencocktail mit einem Stück Brot und Butter, dann ein üppiges Hauptgericht. Spätestens jetzt mußten Sie Ihren Gürtel lockern und wünschten sich, Sie hätten nicht so einen engen Rock angezogen. Zum Abschluß gab es dann ein mächtiges Dessert.

Als Sie wieder zu Hause waren, hatten Sie *zwei Kilo* zugenommen und sahen aus, als seien Sie im fünften Monat schwanger. Und alles nur deshalb, weil Sie eine stärkehaltige Mahlzeit zu sich genommen haben. Das zusätzliche Gewicht läßt sich auf keinen Fall auf Fettpolster zurückführen. Selbst wenn Sie alle Kalorien zusammenzählen, können diese nicht mehr als ein halbes Pfund Fett ergeben haben.

Wenn Sie nach solch einem Mahl am nächsten Tag wieder vernünftig essen, scheidet der Körper die überschüssige Flüssigkeit rasch wieder aus, was sich in häufigen Toilettenbesuchen bemerkbar macht. Ernähren Sie sich jedoch weiterhin maßlos, werden Sie die zusätzlichen Pfunde an Ihrem Bauch bald nicht mehr los.

Die Körperflüssigkeit ist es auch, die jede Hungerkünstlerin nach einer abgeschlossenen Diät nahezu verzweifeln läßt. Hatte man doch gerade das Traumgewicht erreicht, zeigt die Waage allein deshalb ein Kilo mehr an, weil man sich nun wieder «normal» ernährt. In solchen Situationen hat man das Gefühl, man müsse nun sein Leben lang hungern, doch das stimmt natürlich nicht. Mit dem Bauch-weg-Programm können Sie viele Kalorien zu sich nehmen – es müssen nur die richtigen sein.

Salz

Mögen Sie gern chinesisches Essen? Gesalzene Erdnüsse? Salzstangen? Wenn Sie diese Fragen bejahen, gehören Sie vermutlich zu den Salzliebhaberinnen, und auch diese Leidenschaft führt zu verstärkter Flüssigkeitsspeicherung in Ihrem Körper.

Der menschliche Körper benötigt eine gewisse Menge an Salz, normalerweise etwa drei Gramm pro Tag. Dieses Salz wird zum größten Teil in unserer Körperflüssigkeit gespeichert, in einer genau ausgewogenen Konzentration. Wenn wir nicht genug trinken oder stark schwitzen, steigt die Salzkonzentration an, und die Nieren scheiden weniger Urin aus, um diese Konzentration auszugleichen. Außerdem fühlen wir uns durstig, und sobald wir diesen Durst befriedigen, ist das Wasser-Salz-Verhältnis unseres Körpers wieder ausgewogen.

Ähnliches geschieht, wenn wir große Mengen Salz zu uns nehmen: Die Salzkonzentration im Körper steigt, und wir trinken automatisch mehr, um dies auszugleichen.

Wenn wir viel Salz essen, müssen die Nieren das überschüssige Salz durch den Urin ausscheiden. Dies gelingt jedoch nur, wenn wir wirklich kerngesund sind. Leider besitzen nur wenige Menschen perfekt funktionierende Nieren. Ein schwacher Kreislauf, ein schwaches Lymphsystem oder eine gerade überstandene Krankheit können die Nieren bereits in ihrer Funktion beeinträchtigen. In diesem Fall muß der Körper vermehrt Flüssigkeit binden, um die hohe Salzkonzentration wieder auszugleichen.

Es gibt Situationen, in denen der menschliche Körper mehr Salz benötigt als gewöhnlich, zum Beispiel wenn es sehr heiß ist und der Körper anstrengende Arbeit zu verrichten hat. Von diesen Ausnahmen abgesehen, schadet es nicht, wenn wir den Salzgenuß etwas einschränken. Das Bauch-weg-Ernährungsprogramm erzieht Sie dazu, am Tisch kein Salz mehr zu verwenden und auch beim Kochen sparsamer damit umzugehen. Doch viele Nahrungsmittel enthalten zusätzlich «verstecktes Salz». Die meisten stärkehaltigen Produkte, die Sie ja in Zukunft meiden, zeichnen sich auch durch einen hohen Salzgehalt aus. Wenn Sie diese Produkte aus Ihrem Speiseplan streichen, können Sie Ihren Körper also vor verstärktem Stärke- *und* Salzgenuß bewahren. Alle anderen stark salzhaltigen Nahrungsmittel sind am Ende dieses Kapitels unter der Rubrik «Negative Nährstoffe» aufgelistet.

Sie können jedoch noch mehr tun, um Ihren Körper von überschüssiger Flüssigkeit zu befreien. Nehmen Sie möglichst häufig Speisen und Getränke zu sich, die als natürliche Entschlackungsmittel gelten. Diese Nahrungsmittel, zu denen auch Sellerie und Melonen gehören, sind ebenfalls am Ende dieses Kapitels aufgelistet. Sie finden sie unter der Rubrik «Positive Nahrungsmittel».

Verdauungsprobleme

Wenn Ihr Bauch gespannt ist und Sie sich unwohl und aufgebläht fühlen, produziert Ihr Darm möglicherweise zu viele Gase. Von Zeit zu Zeit leiden wir alle unter diesem Problem, aber manche Menschen sind hier besonders anfällig. Eins ist jedenfalls sicher: Wenn Sie sich vornehmen, Ihr aufregend enges Kleid oder den neuen Badeanzug zu tragen, haben Sie an diesem Tag garantiert mit einem geblähten Bauch zu kämpfen, der Ihren ganzen Auftritt ruiniert.

Die Reaktionen auf bestimmte Speisen sind sehr unterschiedlich, und doch scheinen manche Nahrungsmittel in besonderem Maße blähend zu wirken. Dazu gehören Kidney-Bohnen und gewisse Obstsorten, auch Zwiebeln führen fast immer zu Blähungen.

Bei der Zusammenstellung meines Ernährungsplans habe ich versucht, die Liste der «Negativen Nährstoffe», die zu Blähungen führen können, möglichst nicht zu eng zu fassen. Hätte ich allerdings jedes Nahrungsmittel dort aufgeführt, das jemals Probleme bereitet hat, wäre meine Liste wohl endlos lang geworden. Deshalb stehen unter der Rubrik *«Negative Nahrungsmittel»* nur solche, die besonders häufig Schwierigkeiten machen. Ein paar weitere, die Sie unter den Rubriken *«Positive* bzw. *Neutrale Nahrungsmittel»* finden, habe ich mit einem Sternchen gekennzeichnet. Unter Umständen können Sie bei einigen Leserinnen und Lesern Probleme hervorrufen und sollten dann gemieden werden.

Auch die Art und Weise, wie Sie bestimmte Speisen zubereiten, kann zu Verdauungsproblemen führen. Beachten Sie deshalb die folgenden Hinweise:

- Mangelhaft gekochte Stärkeprodukte führen häufig zu verstärkter Gasbildung im Darm. Versichern Sie sich deshalb, daß Hülsenfrüchte, Mehlspeisen und Kartoffeln gar sind, ehe sie verzehrt werden.
- Roh verzehrtes Gemüse kann oft Schwierigkeiten bereiten, während es in gekochtem Zustand völlig beschwerdefrei genossen wird. Viele Leute können zum Beispiel gekochten Weiß- oder Rotkohl vertragen, jedoch keinen rohen. Anderen bereiten rohe Zwiebeln Beschwerden; Zwiebeln in einem Eintopf oder in einer Suppe sind jedoch gut verträglich.
- Ganz frisches Brot kann gelegentlich Blähungen erzeugen. Essen Sie es lieber, wenn es einen Tag alt ist.
- Alle Speisen, die Hefe enthalten, können zu Problemen führen.
- Manche Leute können keine Weizenmehlprodukte vertragen, wohl aber andere Getreidesorten wie Roggen, Hafer oder Reis. Inzwischen gibt es fast alle Lebensmittel auch aus diesen Getreidesorten.
- Gemüse oder Hülsenfrüchte sind oft leichter zu verdauen, wenn sie püriert werden.
- Zerkleinern Sie alles, ehe Sie es essen, und kauen Sie gut, bevor Sie schlucken.
- Essen Sie kleine Portionen und dafür lieber häufig. Es leuchtet sicher ein, daß Ihr Verdauungsapparat eine kleine Ration wesentlich leichter bewältigen kann als eine Riesenmahlzeit.
- Essen Sie langsam.

Auch Ihre Persönlichkeit spielt eine wichtige Rolle bei Ihrer Verdauung. Nervöse und gestreßte Menschen leiden sehr häufig an Blähungen und Verdauungsproblemen.

Wenn Sie zu diesen Menschen gehören, beachten Sie auch die folgenden Ratschläge:

- Entspannen Sie sich erst vollkommen, ehe Sie mit dem Essen beginnen. Nehmen Sie sich etwas Zeit, atmen Sie ruhig und gleichmäßig, setzen Sie sich entspannt hin, denken Sie an etwas Schönes.
- Essen Sie niemals, während Sie arbeiten oder telefonieren.
- Essen Sie niemals hastig. Egal, wieviel Arbeit Sie haben, Sie sollten sich mittags wenigstens eine halbe Stunde Zeit gönnen, um eine leichte Mahlzeit einzunehmen. Für das Abendessen sollte Ihnen eine Stunde zur Verfügung stehen.
- Konzentrieren Sie sich auf das, was Sie essen, und genießen Sie es. Schließen Sie beim Kauen den Mund – viele Leute schlucken während des Essens unbewußt Luft. Auch dies ist häufig eine Ursache für Blähungen und betrifft vor allem Leute, die unter Zeitdruck essen.

Es gibt einige Nahrungsmittel, die Ihre Verdauung auf positive Art beeinflussen können. Sie finden sie am Ende dieses Kapitels unter der Rubrik *«Positive Nahrungsmittel»*. In diesem Zusammenhang möchte ich Ihnen vor allem alle Arten von Kräutertees ans Herz legen.

Da die Liste der blähenden Nahrungsmittel naturgemäß ein wenig subjektiv ausfallen muß, finden Sie unter der Rubrik *«Negative Nahrungsmittel»* auch Speisen, die Sie möglicherweise ohne weiteres essen können. Ich habe sie mit einem Sternchen gekennzeichnet. Jedes negative Nahrungsmittel, das so gekennzeichnet ist, können Sie also unbesorgt essen, wenn es Ihnen keine Beschwerden bereitet. Wenn Sie sich nicht sicher sind, vergewissern Sie sich anhand des folgenden kleinen Tests:

Essen Sie eine Mahlzeit, die ausschließlich aus positiven Nahrungsmitteln besteht, dazu eine kleine Portion eines neutralen Eiweißprodukts. Ergänzen Sie die Mahlzeit durch eine mittlere Portion des zu testenden negativen Nahrungsmittels. Achten Sie bei Ihrer nächsten Mahlzeit darauf, daß diese ausschließlich aus positiven und neutralen Bestandteilen zusammengesetzt ist. Wenn sich auch nach sechs Stunden noch keine Reaktion auf das negative Nahrungsmittel zeigt, können Sie es künftig in die neutrale Liste aufnehmen. Achten Sie darauf, daß Sie niemals mehr als einen negativen Bestandteil zur gleichen Zeit testen. Wenn Ihr Darm dann mit Blähungen reagiert, wissen Sie sonst nicht, welches Nahrungsmittel sie herbeigeführt hat.

Verstopfung

Paradoxerweise werden gerade die Nahrungsmittel, die nachweislich Gase und Blähungen im Darm erzeugen (wie etwa Vollkorn, Hülsenfrüchte und bestimmte Trockenfrüchte), von Ärzten und Ernährungswissenschaftlern häufig als Mittel gegen Verstopfungen empfohlen.

Sicher ist eine rege Darmtätigkeit für einen flachen Bauch unerläßlich. Trotzdem macht es wenig Sinn, Verstopfungen mit einer Diät aus Vollkorn, Hülsenfrüchten und Trockenfrüchten zu bekämpfen, wenn diese Ihren Bauch dafür mit unangenehmen Gasen aufblähen.

Statt dessen sollten wir eine solche Ernährung durch Nahrungsmittel ersetzen, die einer Verstopfung ebenso wirksam entgegentreten, uns aber mit diesen unerwünschten Begleiterscheinungen verschonen. Die einfachste Möglichkeit besteht darin, viel Obst und Gemüse zu essen. Zitrusfrüchte und alle diese köstlichen Sommerfrüchte wie Beeren und Pflaumen sind ideal. Auch Melonen sind ganz hervorragend, da sie nicht nur verdauungsanregend, sondern auch harntreibend und somit entschlackend wirken. Tatsächlich haben alle Früchte eine entwässernde Wirkung und sind für das Bauch-weg-Programm daher besonders wertvoll.

Wenn Sie außerdem noch viel Gemüse essen – grüne Bohnen, Erbsen und Salate – sowie bestimmte Trockenfrüchte, dann haben Sie einen köstlichen Speiseplan, der Ihnen garantiert zu einer regelmäßigen Verdauung hilft.

Und noch etwas: Trinken Sie viel Wasser! Wenn Sie das Bauch-weg-Programm befolgen, müssen Sie große Mengen Wasser trinken, mindestens eineinhalb Liter pro Tag. Ich versichere Ihnen, daß dieses Wasser nicht zur Flüssigkeitsspeicherung in Ihrem Körper führen wird. Es wird unverzüglich durch Ihren Körper gespült, sorgt für eine gute Verdauung und verbessert den Zustand von Haut, Zahnfleisch und Augen. Natürlich werden Sie häufiger eine Toilette aufsuchen müssen, aber das ist ein geringer Preis für Ihren flachen Bauch und Ihr Wohlergehen, oder?

Zitrusfrüchte, insbesondere Orangen, scheinen Verstopfungsprobleme auch bei Leuten zu lösen, bei denen andere Mittel (einschließlich tonnenweise Kleie und Abführmittel) versagt haben. Ich weiß nicht, wieso das so ist, aber die Wirkung ist unumstritten.

Auch das von mir entwickelte Gymnastikprogramm hilft gegen Verstopfung, denn die Übungen stärken nicht zuletzt die Darmmuskulatur.

Fassen wir noch einmal zusammen: Sie werden eine regelmäßige Verdauung haben, wenn Sie genügend positive Nahrungsmittel, vor allem Zitrusfrüchte, zu sich nehmen, wenn Sie mäßige Mengen an neutralen, unverfeinerten Stärkeprodukten essen, viel Wasser trinken, und regelmäßig Gymnastikübungen machen.

Eine komplette Aufstellung der positiven, neutralen und negativen Nahrungsmittel finden Sie am Ende dieses Kapitels.

Zum Schluß noch eine kleine Warnung: Wenn Sie nicht unter Verstopfung leiden, kann der verstärkte Genuß von Zitrus- und anderen Früchten zu Durchfall führen. In diesem Fall müssen Sie die Mengen nur entsprechend einschränken, bis Sie das für Sie geeignete Maß gefunden haben.

Schneidern Sie sich Ihren persönlichen Speiseplan zurecht

Auf den folgenden Seiten finden Sie eine ausführliche Liste sämtlicher positiver, neutraler und negativer Nahrungsmittel, von denen bisher so oft die Rede war.

Ich habe das 15tägige Bauch-weg-Programm, das im 3. Kapitel erläutert wird, auf der Grundlage diese PNN-Prinzips entwickelt und sorgfältig getestet. Sie brauchen sich nur an die Angaben zu halten, dann werden Sie schon nach wenigen Tagen beobachten, daß Ihr Bauch mehr und mehr schwindet.

Sicher haben Sie in Ihren Eßgewohnheiten gewisse Vorlieben oder möchten Ihren Speiseplan so abwechslungsreich gestalten, daß Sie sich auch nach Ablauf der fünfzehn

Tage weiter nach meinem Programm ernähren können. Schneidern Sie Ihren Speiseplan ganz nach Ihren persönlichen Bedürfnissen zurecht, dann können Sie sich Ihr Leben lang danach richten, wenn Sie möchten.

Es ist wirklich ganz leicht: Greifen Sie möglichst oft auf die Liste der «Positiven Nahrungsmittel» zurück. Versuchen Sie, in jede Mahlzeit mindestens ein oder zwei dieser Nahrungsmittel einzubauen.

Ergänzen Sie Ihren Speiseplan aus der Liste der «Neutralen Nahrungsmittel». Versuchen Sie, sich so vielseitig wie möglich zu ernähren, und vergessen Sie dabei nie, daß ein Übermaß an verfeinerten Stärkeprodukten zu ungesunden Flüssigkeitsanreicherungen in Ihrem Körper führen kann.

In der «Negativen Liste» finden Sie alle die Nahrungsmittel, die Sie soweit wie möglich vermeiden sollten (das gilt nicht für die mit einem * gekennzeichneten Produkte, die Sie in Ihrem Speiseplan aufnehmen können, wenn Sie den Test auf Seite 31 bestanden haben).

Wenn Sie Ihr Gewicht halten möchten

Grundsätzlich gilt, daß die positiven Nahrungsmittel kalorienarm und die negativen kalorienreich sind. Deshalb dürfte es Ihnen eigentlich nicht schwerfallen, während des 15tägigen Programms Ihr Gewicht konstant zu halten. Im Gegenteil, es ist sehr unwahrscheinlich, daß Sie zunehmen, wenn Sie sich an die Positiv-Neutral-Negativ-Ernährung halten.

Falls Sie ungewollt ein paar Pfunde verlieren sollten oder sogar ein wenig zunehmen möchten, bauen Sie einfach mehr fetthaltige neutrale Nahrungsmittel und stärkehaltige Produkte in Ihren Speiseplan ein.

Wenn Sie Gewicht verlieren möchten

Wenn Sie sich genau an das Programm halten, brauchen Sie keine Kalorien zu zählen. Essen Sie einfach viel Obst, Gemüse und eiweißhaltige Produkte aus der «Neutralen Liste», dann verlieren Sie von ganz allein ein paar überflüssige Pfunde. Zusätzliche Hilfe erhalten Sie, wenn Sie sich die Kalorientabelle am Ende dieses Buchs ansehen.

Was den täglichen Kalorienverzehr angeht, so gilt als Faustregel: Männer brauchen täglich etwa 2750 Kalorien, um ihr Gewicht konstant zu halten, und 1500 – 1750 Kalorien, wenn sie ihr Gewicht reduzieren möchten. Frauen halten ihr Gewicht mit etwa 2000 Kalorien pro Tag, bei 1000–1250 Kalorien verlieren sie deutlich Pfunde.

Beachten Sie jedoch: Wenn Sie mit dem Bauch-weg-Programm beginnen, werden Sie wahrscheinlich zunächst einige Pfunde verlieren, die auf Flüssigkeits- und nicht auf Fettverlust zurückzuführen sind. Wenn Sie sich für das 1250-Kalorien-Programm entscheiden, werden Sie in den fünfzehn Tagen weiter an Gewicht verlieren. Ernähren Sie sich jedoch nach dem normalen Programm, müßte sich Ihr Gewicht nach etwa drei Tagen stabilisieren.

Positive Nahrungsmittel

Aus dieser Gruppe können Sie sich bedenkenlos bedienen.

Die Ausscheidung von Flüssigkeit unterstützen:

- Sämtliche frische Obstsorten: vor allem Wassermelonen, alle anderen Melonenarten, Zitrusfrüchte, Pfirsiche, Nektarinen, Erdbeeren, Himbeeren, Ananas, Kirschen sowie die Säfte dieser Früchte
- Gemüse: Sellerie, Tomaten, Paprika, Fenchel, Kopfsalat, Brunnenkresse, Salatgurke, die Säfte dieser Gemüsesorten

- Folgende Kräuter, frisch und gehackt: Petersilie, Kerbel, Liebstöckel, Meerrettich
- Getränke: Mineralwasser, Wasser, Wasser mit einem Schuß Zitronensaft, Löwenzahn-Tee, alle Früchtetees, vor allem Orangen- und Zitronentee

Folgende Nahrungsmittel mindern Verdauungsprobleme:
- Joghurt, Pfefferminztee, Kamillentee, Zitronentee, frischer Ingwer
- Folgende Kräuter, frisch und gehackt: Salbei, Basilikum, Majoran, Fenchelblätter, Dill
- Samen von: Fenchel, Anis, Dill

Verdauungsfördernd sind:
- Alle frischen Obstsorten, vor allem Orangen und andere Zitrusfrüchte, dazu:
  Himbeeren, Brombeeren, schwarze Johannisbeeren, Aprikosen, Pflaumen, Kirschen, Rhabarber*, Stachelbeeren*, Kiwis, Bananen, Weintrauben
- Die folgenden Gemüsesorten, frisch oder tiefgefroren: Erbsen*, Mais, Mangold, Grüne Bohnen, Lauch, Brokkoli, Blumenkohl (auch roh), Stangenbohnen, Auberginen, Bohnensprossen, Champignons, Staudensellerie, Paprika, Spinat, Saubohnen*, Spargel, Frühlingsgemüse, Grünkohl, Möhren (auch roh), Steckrüben, Rosenkohl*, Tomaten, Brunnenkresse

---

* Diese Nahrungsmittel können bei manchen Leuten unter Umständen Blähungen hervorrufen. In diesem Fall sollten Sie sie meiden.
Beachte: Die Stärkeprodukte aus der Liste der «Neutralen Nahrungsmittel» wirken ebenfalls verdauungsanregend.

- Trockenfrüchte: getrocknete Aprikosen, getrocknete Pfirsiche, getrocknete Datteln, getrocknete Feigen*
- Getränke: Orangensaft, vor allem frisch gepreßter, Mineralwasser, Wasser

Neutrale Nahrungsmittel

Eiweißprodukte

- Geflügel
- Fisch, frisch oder tiefgekühlt, ausgenommen Krabben und Garnelen, Thunfisch, Makrelen, Sardinen, Lachs in Öl (gut abgetropft, mäßige Portionen)
- Eier
- Fleisch: mageres Rindfleisch, Kalbfleisch, mageres Lammfleisch, Leber, Nieren.
  Wild: Wildente, Fasan, Rebhuhn, Hase
- Frisch geschälte Nüsse*, Erdnußbutter, Tofu, Sonnenblumenkerne
- Milch und Milchprodukte: Hüttenkäse, Magermilchkäse, Halbfett-Weichkäse, Quark, Brie, Camembert, Edamer, Kräuterkäse, Bel-Paese, Mozzarella, Parmesan, Greyerzer Käse – jeweils in mäßigen Portionen, Joghurt, Magermilch

Kohlenhydrate

- Artischocken, rote Bete, Rettich, Senf und Kresse, Avocados, Zwiebeln, gekocht, gebraten oder geschmort, Konservenobst im eigenen Saft, Konservengemüse, abgetropft und ohne Lake erhitzt, Kürbis, Zucchinis

Eingeschränkte Stärkeprodukte
(Kleine Portionen! Frauen dürfen sich höchstens dreimal, Männer bis zu viermal täglich aus dieser Gruppe bedienen.)

- Vollwertbrot, Roggenbrot, Weizenkleiebrot, Reiscrakker, leicht gesalzen, Roggenknäcke, Haferkuchen, Vollkornteigwaren, ungeschälter Reis, Weizenkeimbrot, Vollkornpizza
- Kartoffeln, gekocht oder in Folie gebacken, Süßkartoffeln, Linsen, gut gekocht und püriert*
- Haferschleim, Vollkorn-Frühstücksflocken, Müsli, geschroteter Weizen

Verschiedenes

- Zucker (bitte nur sparsam verwenden), Honig, kalorienreduzierte Marmeladen
- Öl, Butter (sparsam verwenden), Pflanzenmargarine, kalorienreduzierte Butter oder Margarine, Sahne, Mayonnaise
- Apfelsaft, Essig
- Frische Kräuter (alle bisher noch nicht aufgeführten), getrocknete Kräuter und Gewürze
- Maismehl (sparsam verwenden)
- Wein und andere Alkoholsorten (sparsam genießen)
- Knoblauch, püriert*, Sojasauce (sparsam verwenden), Worcestershiresauce (sparsam verwenden), French-Dressing, Austernsauce

---

* Diese Nahrungsmittel können unter Umständen Blähungen verursachen. In diesem Fall sollten sie vermieden werden.

Negative Nahrungsmittel

Folgende verfeinerte Kohlenhydrat-Produkte sollten Sie möglichst vermeiden, um Flüssigkeitsansammlungen in Ihrem Körper vorzubeugen:

- Weißbrot
- Weißer Reis
- Kekse, Kuchen und Torten, Weckchen, Teekuchen, Fettgebäck, Hefeteilchen, Pasteten, Teigwaren aus Weizenmehl
- Pudding
- Helle Saucen
- Verfeinerte Frühstücksflocken wie Cornflakes, etc.

Stark gesalzene Nahrungsmittel

- Hefeextrakte,
- Schinken, Speck
- Geräucherter Schellfisch, Bückling, geräucherte Makrelen, geräucherte Forelle, Räucherlachs, Garnelen, Krabben
- Geräucherter Käse
- Oliven
- Salami
- Blutwurst
- Cheddarkäse, Blauschimmelkäse, Schmelzkäse
- Mixed Pickles, Cornedbeef, Kartoffelchips, Cornflakes, Kleie
- Dosen- und Tütensuppen, Ketchup, Fertig-Nudelgerichte, Dosenbohnen, Instantsaucen und natürlich Speisesalz, einschließlich Meersalz

Folgende Nahrungsmittel wirken unter Umständen verdauungsstörend oder blähend:
Beachte: Die Reaktion auf diese Nahrungsmittel kann sehr unterschiedlich sein. Wenn Sie die mit einem * gekennzeichneten Nahrungsmittel in Ihren Speiseplan aufnehmen möchten, unterziehen Sie sie bitte zuvor dem auf Seite 31 beschriebenen Test. Fällt dieser positiv aus, können Sie das entsprechende Nahrungsmittel in die Liste der neutralen Nahrungsmittel einfügen.

- Tierische Fette – Schweineschmalz, Bratschmalz, Talg
- Alle tiefgefrorenen Speisen
- Vollmilch*, Sahne, Sauerrahm*, Crême fraîche
- Weizenbackwaren, Vollwertbackwaren
- Cola, Limonaden, Tee*, Kaffee*, Bier
- Schokolade
- Lammschulter und fettes, rotes Fleisch, Ente, Gans, mageres Schweinefleisch*, knusprige Kruste eines Schweinebratens, Hackfleisch, stark gewürzte Speisen *
- Kleie
- Rot- und Weißkohl, ungekocht*
- Rohe Zwiebeln*, gebratene Zwiebeln
- Kichererbsen, Kidneybohnen, gebackene Bohnen, Salzersatz*, Soja-Fleischersatz und Sojabohnen, Sultaninen *, Korinthen*, Rosinen*, Pflaumen*

Das 15tägige Bauch-weg-Programm

Essen, um einen flachen Bauch zu bekommen – nichts leichter als das. Man muß nur wissen, wie! Wenn Sie möchten, können Sie sich unter Zuhilfenahme der Informationen im letzten Kapitel Ihren ganz persönlichen Speiseplan zusammenstellen. Für diejenigen von Ihnen, denen das zuviel Mühe bereitet, habe ich einen schmackhaften, aber einfach zu realisierenden 15tägigen Speiseplan entwickelt, der durch eine Bauchmuskelgymnastik ergänzt wird. Der Speiseplan eignet sich für Frauen, die abnehmen möchten ebenso, wie für solche, die mit Ihrem Gewicht im Grunde zufrieden sind.

Jeden Tag nehmen Sie fünf Mahlzeiten zu sich: ein leichtes Frühstück, zwei kleine Zwischenmahlzeiten und zwei größere Mahlzeiten: ein Mittag- und ein Abendessen. Die Reihenfolge der beiden größeren Mahlzeiten können Sie ohne weiteres vertauschen. Nehmen Sie also ruhig das Abendessen mittags und das Mittagessen abends zu sich, wenn Ihnen das besser paßt. Die Mittagsmahlzeit ist auch zum Mitnehmen ins Büro geeignet; Sie brauchen dazu lediglich einige fest verschließbare Plastikbehälter, Alufolie und gegebenenfalls eine Plastikflasche.

Das Ernährungsprogramm ist unkompliziert, alle Mahlzeiten lassen sich ohne viel Mühe zubereiten. Das bedeutet jedoch nicht, daß sie nicht schmackhaft sind, ganz im Gegenteil. Für leidenschaftliche Köche und Köchinnen habe ich einige zusätzliche Rezepte entwickelt. Für jeden Tag gibt es solche Ausweichmahlzeiten; die dazugehörigen Rezepte finden Sie im 4. Kapitel.

Ehe Sie mit dem Programm beginnen, lesen Sie bitte die folgenden Hinweise genau durch.

Wenn Sie Gewicht verlieren möchten

Das kalorienverminderte Ernährungsprogramm ist für Frauen geeignet, die während der fünfzehn Tage 2,3 – 3,2 Kilo abnehmen wollen. Es führt Ihnen pro Tag etwa 1200 Kalorien zu. Wenn Sie sich für diese Schlankheitskur entscheiden, dürfen Sie alles essen und trinken, was in dem folgenden Programm aufgeführt ist. ***Ausgenommen sind jedoch alle Speisen und Mengen, die in Klammern stehen und kursiv gesetzt sind.*** Finden Sie bei einer Mahlzeit also zwei verschiedene Mengenangaben (z.B. 100 g (*175 g*) Kartoffeln), dürfen Sie nur die an erster Stelle angegebene Menge essen. Bei unserem Beispiel bedeutet das 100 g Kartoffeln. Ist eine zusätzliche Speise in Klammern und kursiv aufgeführt (am 1. Tag ist als Dessert nach der Hauptmahlzeit z.B. angegeben: 225 g Melone (***plus 75 g Vanilleeis***), dürfen Sie nur die Melone essen.

Wenn Sie Ihr Gewicht beibehalten möchten

In diesem Fall richten Sie sich nach dem normalen Ernährungsprogramm, das nicht kalorienvermindert ist. Sie dürfen alles essen, was zu den jeweiligen Mahlzeiten angegeben ist, einschließlich aller Speisen und Mengen, die in

Klammern stehen und kursiv gesetzt sind. Lautet die Angabe bei einer Mahlzeit etwa: 100 g (*175 g*) Kartoffeln, dürfen Sie 175 g essen. Wenn zusätzliche Speisen angegeben sind (am 1. Tag etwa besteht das Dessert nach der Hauptmahlzeit aus 225 g Melone (*plus 75 g Vanilleeis*), dürfen Sie sowohl die Melone als auch die Eiscreme essen. Beginnt die Angabe in Klammern mit «oder», essen Sie die Speise *anstelle* des ersten Vorschlags.

Für Männer

Männern, die nicht nur ihren Bauch, sondern zusätzlich auch ein paar Pfunde verlieren möchten, empfehle ich das normale Ernährungsprogramm, das gerade erläutert wurde. In fünfzehn Tagen werden Sie damit zwischen 2,3 und 3,2 Kilo abnehmen. Männer, die mit ihrem Gewicht zufrieden sind und nicht unbedingt abnehmen wollen, finden im 9. Kapitel einen entsprechenden Speiseplan.

Getränke

Täglich steht Ihnen eine Ration Magermilch zu: Bei dem kalorienverminderten Programm sind 150 ml erlaubt, bei dem normalen Programm 300 ml. Sie können die Milch für Ihren Kaffee oder für schwarzen Tee verwenden, wenn Sie jedoch Früchte- oder Kräutertee bevorzugen, dürfen Sie, etwa vor dem Schlafengehen, ein Glas Milch pur trinken.

In meinem Ernährungsprogramm sind einige zusätzliche Getränke aufgeführt. Fruchtsäfte z. B. sind oft sehr kalorienreich und sollten nur getrunken werden, wenn dies ausdrücklich angegeben ist. Hingegen sind Früchte- und

Kräutertees so gut wie kalorienfrei, deshalb können Sie davon soviel trinken, wie Sie möchten. Darüber hinaus sollten Sie möglichst viel Mineralwasser trinken. Ideal sind sechs Gläser, die Sie gleichmäßig über den Tag verteilen sollten.

Salz

Das Ernährungsprogramm ist sehr salzarm. Bei einigen Speisen dürfen Sie einen Salzersatz verwenden, wenn sie Ihnen sonst zu fade schmecken. Am besten ist es jedoch, wenn Sie versuchen, die Verwendung von Salz einzuschränken. Sie werden gewiß bald feststellen, daß Sie nur noch kleinste Mengen benötigen.

Instantsaucen sind extrem salzhaltig. Bereiten Sie daher lieber eigene Saucen aus Kochwasser und ein wenig Gemüse- oder Hühnerbrühe und/oder etwas Rot- bzw. Weißwein zu. Dicken Sie die Saucen gegebenenfalls mit einem Teelöffel Maismehl an, einem der wenigen verfeinerten Stärkeprodukte, die in meinem Programm erlaubt sind!

Für Vegetarier

Unter meinen Rezeptvorschlägen finden Sie viele Speisen, die Fleisch, Geflügel oder Fisch enthalten, da die Mehrheit der Leserinnen und Leser vermutlich nicht vegetarisch lebt. Sie können das Bauch-weg-Programm jedoch auch dann befolgen, wenn Sie Vegetarier sind. Für jeden Tag ist ein völlig fleischloses Ausweichrezept angegeben.

Ohne Beschränkung

Die folgenden Speisen und Getränke können Sie sooft Sie mögen und in jeder beliebigen Menge verwenden: frische und getrocknete Kräuter, Zitronensaft, Salatblätter jeder beliebigen Sorte, Kräutertees, Früchtetees, Wasser, Mineralwasser.

Zur Erinnerung!

Rufen Sie sich noch einmal ins Gedächtnis, was ich Ihnen im vorhergehenden Kapitel zum Thema Eßgewohnheiten erklärt habe. Das wichtigste: Essen Sie langsam, entspannen Sie sich, und genießen Sie Ihre Mahlzeiten.

1. Tag

Nach dem Aufstehen
1 Tasse Zitronentee

Frühstück
150 ml (*175 ml*) Orangensaft; 150 ml (*175 ml*) Magermilchjoghurt mit einer kleingeschnittenen Banane

Zwischenmahlzeit
1 Scheibe Roggenknäcke, bestrichen mit 50 g Hüttenkäse

Mittagessen
50 g (*75 g*) Brie; 2 Scheiben Roggenknäcke, bestrichen mit kalorienreduzierter Butter oder Margarine
Salat aus Tomaten, Blattsalat nach Wahl, Brunnenkresse, rotem Paprika, Salatgurke und gehacktem Basilikum, dazu ein French-Dressing ohne Öl
1 Pfirsich oder 1 Apfel

Zwischenmahlzeit
15 g (*25 g*) Sonnenblumenkerne; Kräutertee

Hauptmahlzeit
1 mittelgroße (*große*) Portion gegrilltes oder gebratenes Hähnchen
75 g (*150 g*) neue Kartoffeln
Salat aus 1 Stange Sellerie, 1/2 Apfel, 12 g Walnüssen, dazu ein Dressing aus 1 Teelöffel kalorienreduzierter Mayonnaise, 1 Teelöffel Magermilchjoghurt, 1 Teelöffel Zitronensaft, gehackter Petersilie
oder 1 Portion Safranhähnchen mit Orangenreis (s. Rezept Seite 66)
oder 1 Portion Honighähnchen (Rezept s. Seite 68)
225 g Melone (*plus 75 g Vanilleeis*) als Dessert zu jedem Rezept

Für Vegetarier: eine kleine gebackene Kartoffel, gefüllt mit einer Portion Linsenpüree, dazu ein Sellerie-Apfel-Salat.

2. Tag

Nach dem Aufstehen
Früchtetee nach Wahl

Frühstück
Etwa 275 g Fruchtsalat aus Melone, Erdbeere oder Kiwi, Ananas, Apfel und Banane; 50 g (*100 g*) Magerquark; 1 Teelöffel Honig

Zwischenmahlzeit
2 Reiscracker, bestrichen mit 1 Teelöffel (*1 Eßlöffel*) Erdnußbutter

Mittagessen
Salat wie am 1. Tag:
1/2 kleine (*mittlere*) reife Avocado, gefüllt mit ölfreiem French-Dressing (*oder gefüllt mit normalem French-Dressing*)
1 kleine (*mittlere*) Scheibe Vollwertbrot mit kalorienreduzierter Butter oder Margarine

Zwischenmahlzeit
1 Früchtejoghurt (*plus 35 g getrocknete Aprikosen*)

Hauptmahlzeit
175 g (*225 g*) Fischfilet nach Wahl, gebraten, gebacken oder gedünstet
100 g (*175 g*) Pellkartoffeln; (*15 g Butter*); 150 g (*175 g*) Brokkoli und 75 g (*100 g*) gekochte grüne Bohnen; Zitronensaft

oder 1 Portion italienisches Fischfilet (Rezept s. Seite 69) sowie 75 g (*150 g*) neue Kartoffeln und 100 g (*150 g*) Brokkoli
oder 1 Portion Seezunge in Champignonsauce (Rezept s. Seite 70) sowie 100 g (*175 g*) neue Kartoffeln und 75 g (*100 g*) grüne Bohnen
1 Orange und 1 Kiwi als Dessert zu jedem Rezept

Für Vegetarier: Geben Sie vor dem Servieren 25 g geröstete Mandelblättchen über das Gemüse. Essen Sie zum Früchtedessert zusätzlich 1 kleine Ecke Brie.

3. Tag

Nach dem Aufstehen
Zitronentee

Frühstück
1/2 (*1 ganze*) Grapefruit; 35 g (*65 g*) Müsli mit 100 ml (*150 ml*) Magermilch

Zwischenmahlzeit
50 g magerer Weichkäse oder Hüttenkäse; 1 Stange Staudensellerie und 2 Datteln

Mittagessen
1 (*2*) hartgekochtes Ei, halbiert, auf Salatblättern angerichtet, dazu 1 (*1 1/2*) Teelöffel kalorienreduzierte Mayonnaise sowie Brunnenkresse oder Petersilie zum Garnieren

1 kleine (*mittlere*) Scheibe Vollwertbrot mit kalorienreduzierter Butter oder Margarine; 1 Orange

Zwischenmahlzeit
25 g (*50 g*) Haselnüsse; 150 ml Magermilchjoghurt

Hauptmahlzeit
1 mittleres (*großes*), besonders mageres Lammkotelett, gegrillt
100 g Erbsen, frisch oder tiefgefroren, oder Mangold; 100 g (*175 g*) Karotten oder Lauch, leicht gedünstet; 75 g (*100 g*) Instant-Kartoffelpüree; 2 Teelöffel Minzsauce
oder 1 Portion Marokkanisches Lamm (Rezept s. Seite 71), dazu 3 (*5*) Eßlöffel ungeschälter Reis
oder 1 Portion Zitronen-Schmorbraten (Rezept s. Seite 72)
100 g Kirschen oder 1 Apfel als Dessert zu jedem Rezept

Für Vegetarier: Ersetzen Sie das Lammfleisch durch einen etwa 100 g schweren Hamburger für Vegetarier
oder durch 1 Portion Gefüllte Paprikaschoten (Rezept s. Seite 80).

4. Tag

Nach dem Aufstehen
100 ml (*150 ml*) Orangensaft

Frühstück
150 g getrocknete Aprikosen, zerkleinert, dazu 100 g (*150 g*) Magermilchjoghurt

Zwischenmahlzeit
1 Apfel; 1 Reiscracker mit 50 g magerem Weichkäse und 1 Gewürzgurke

Mittagessen
225 g Melone; 75 g (*100 g*) gekochtes Huhn
Salat aus Gurke, Tomaten und gehacktem Basilikum
1 kleines Vollkornbrötchen mit kalorienreduzierter Butter oder Margarine
oder 1 Portion Hähnchen, Reis und Bohnensprossensalat (Rezept s. Seite 73)

Zwischenmahlzeit
1 Orange (*plus 25 g Sonnenblumenkerne*)

Hauptmahlzeit
1/2 Grapefruit; 100 g (*150 g*) Lachsfilet oder 175 g (*225 g*) Forelle, gedünstet, gegrillt oder gebacken; 100 g Mangold; 75 g (*175 g*) neue Kartoffeln mit 10 g Butter; Zitronensaft und Zitronenscheiben zum Garnieren
oder 1 Portion Fenchelforelle (Rezept s. Seite 74) mit 75 g (*100 g*) neuen Kartoffeln, dazu etwas kalorienreduzierte Butter sowie 75 g Mangold
100 g Erdbeeren, Himbeeren, Kirschen oder Kiwi als Dessert zu jedem Rezept

Für Vegetarier: Zusätzlich 100 g (*150 g*) Tofu für den Salat, außerdem den Lachs durch 100 g (*150 g*) Soja-Hacksteak ersetzen.

5. Tag

Nach dem Aufstehen
Zitronentee

Frühstück
35 g Frühstücksflocken nach Wahl, dazu Magermilch

Zwischenmahlzeit
225 g Melone oder 1 Orange; 25 g (*50 g*) Edamer Käse

Mittagessen
Salat aus 50 g (*75 g*) Thunfisch in Öl, gut abgetropft, mit kleingeschnittener Salatgurke, Staudensellerie, Apfel und 100 g (*50 g*) Vollkornnudeln auf Salatblättern anrichten; dazu ein ölfreies French-Dressing und gehackte Petersilie

Zwischenmahlzeit
1 Scheibe Melone; 1 Fruchtjoghurt

Hauptmahlzeit
1 mittlere (*große*) Portion Hähnchenbrust mit einer Paste aus 50 ml Magermilchjoghurt und 1 Teelöffel Tandori-Pulver bestreichen und bei mittlerer Hitze 30 Minuten grillen oder 45 Minuten braten
75 g (*175 g*) gekochter ungeschälter Reis
2 Eßlöffel gewürfelte Salatgurke mit Magerjoghurt
1 in Scheiben geschnittene Tomate, garniert mit gehacktem Basilikum
oder 1 Portion Paprikahähnchen (Rezept s. Seite 75)
oder 1 Portion Truthahn in Sherrysauce (Rezept s. Seite 76)

Zu beiden Rezepten 100 g (*150 g*) neue Kartoffeln sowie ein grüner Salat mit Zitronendressing
(*plus 1 Glas trockener Weißwein oder 50 g Eiscreme zu jedem Rezept*)

Für Vegetarier: Verlängern Sie mittags den Salat mit 50 g Mozzarella, abends gibt es zusätzlich eine gebackene Aubergine, bestreut mit 25 g geröstetem Sesam.

6. Tag

Nach dem Aufstehen
100 ml (*150 ml*) Orangensaft

Frühstück
150 ml (*175 ml*) Magermilchjoghurt mit 100 g (*175 g*) Erdbeeren, Himbeeren oder in Scheiben geschnittener Kiwi, dazu 15 g Haferflocken

Zwischenmahlzeit
1 (2) Roggenknäcke mit 1 Teelöffel (*1 Eßlöffel*) Erdnußbutter

Mittagessen
1 Scheibe Melone
Salat aus 50 g (*65g*) Haselnüssen oder ungesalzenen Erdnüssen, 175 g geriebenen Karotten und 25 g zerkleinerten Datteln, dazu 1 Teelöffel Anissamen (nach Belieben) und ein Dressing aus 1 Teelöffel Olivenöl, 50 ml Orangensaft, Pfeffer und etwas Salzersatz
1/2 Pita-Brot

Zwischenmahlzeit
1 Orange oder 1 Banane

Hauptmahlzeit
100 g (*150 g*) besonders mageres Roastbeef; 50 g (*75 g*) neue Kartoffeln; 100 g Blumenkohl; 100 g Frühlingskräuter; 100 g Steckrübe, püriert; 1 Teelöffel Meerrettich; Sauce aus Bratenfond, angedickt mit 1 Teelöffel Maismehl
oder 1 Portion Geschmortes Rindfleisch in Austernsauce (Rezept s. Seite 77)
oder 1 Portion Champignon-Pilau (Rezept s. Seite 78)

7. Tag

Nach dem Aufstehen
Früchtetee nach Wahl

Frühstück
1/2 Grapefruit; 1 gekochtes Ei; 1 Roggenknäcke mit kalorienreduzierter Butter oder Margarine
(*oder 1 mittelgroße Scheibe Vollwertbrot mit kalorienreduzierter Butter oder Margarine*)

Zwischenmahlzeit
1 Pfirsich oder 1 Nektarine
1 Fruchtjoghurt

Mittagessen
50 g Mozzarella; 2 mittelgroße Tomaten; gehacktes Basilikum; 1 Teelöffel Olivenöl; Blattsalat nach Wahl
(*plus 1 mittelgroße Scheibe Vollwertbrot mit kalorienreduzierter Butter oder Margarine*)

Zwischenmahlzeit
1 (*2*) Roggenknäcke mit 50 g (*100 g*) magerem Weichkäse
1 Orange

Hauptmahlzeit
100 g (*175 g*) Lammleber oder 2 (*3*) Lammnieren, gegrillt oder mit 1 Teelöffel Maisöl in einer beschichteten Pfanne gebraten
75 g (*100 g*) neue Kartoffeln; 150 g Brokkoli; 50 g grüne Bohnen; 1 mittelgroße Tomate; Sauce aus Gemüsefond sowie 25 ml Rotwein, etwas Wasser, 1 Teelöffel Tomatenmark und 1 Teelöffel Maismehl
oder 1 Portion Geschmorte Leber (Rezept s. Seite 79), dazu 4 (*6*) Teelöffel gekochter ungeschälter Reis
oder 1 Portion gefüllte Paprikaschoten (Rezept s. Seite 80), dazu ein grüner Salat
50 g (*75 g*) Eiscreme oder 1 Glas trockener Weißwein zu jedem Rezept

Für Vegetarier: Ersetzen Sie die Leber in dem Rezept für Geschmorte Leber durch gewürfelten Tofu.

8. Tag

Nach dem Aufstehen
Früchtetee nach Wahl

Frühstück
150 g (*175 g*) Joghurt mit 175 g (*225 g*) kleingeschnittenen Früchten sowie 1 Teelöffel Honig

Zwischenmahlzeit
1 Banane; 25 g (*50 g*) getrocknete Aprikosen

Mittagessen
2 Roggenknäcke mit kalorienreduzierter Butter oder Margarine
Frucht- und Käsesalat: 50 g (*75 g*) gewürfelten Edamer Käse mit 100 g (*150 g*) Melonenkugeln, 1 Scheibe Ananas in Würfeln und 150 g Gurke mischen, darüber eine Sauce aus Zitronensaft und einer Prise Ingwer; mit gehackter Petersilie garnieren

Zwischenmahlzeit
1 Orange; 1 Fruchtjoghurt

Hauptmahlzeit
175 g (*225 g*) Kabeljaufilet, in Folie gebraten oder in der Mikrowelle gegart
100 g grüne Paprika, in Streifen geschnitten, und 100 g Tomaten in Scheiben mit 1 Teelöffel Maisöl in einer beschichteten Pfanne gebraten
75 g (*175 g*) gekochter ungeschälter Reis
oder 1 Portion Rotbarsch-Spieße (Rezept s. Seite 81), dazu 3 (*5*) Teelöffel ungeschälter Reis
oder 1 Portion Scholle in Orangen- und Zitronensauce (Rezept s. Seite 82), dazu 100 g (*125 g*) neue Kartoffeln und 75 g (*125 g*) Brokkoli

Für Vegetarier: Eine in Würfel geschnittene Aubergine kurz anbraten, mit Maisöl bestreichen und statt des Fischs auf den Spieß stecken (s. Rezept für Rotbarsch-Spieße, Seite 81).

9. Tag

Nach dem Aufstehen
Zitronentee

Frühstück
Wie am 1. Tag

Zwischenmahlzeit
1 (2) Roggenknäcke
1 Stange Staudensellerie und 50 g (*100 g*) Hüttenkäse

Mittagessen
Nizzasalat: 1 hartgekochtes Ei, grob gewürfelt, mit 75 g (*100 g*) Thunfisch, 75 g (*100 g*) abgekühlten gekochten Kartoffeln, 75 g gekochten grünen Bohnen, 1 feste Tomate in Würfeln sowie 100 g Blattsalat mischen, dazu ein French-Dressing ohne Öl (*oder traditionelles French-Dressing*)

Zwischenmahlzeit
1 Orange; 1 Apfel oder 1 Pfirsich

Hauptmahlzeit
100 g (*175 g*) gegrilltes mageres Hähnchenfleisch
150 g Zucchinis, in Scheiben geschnitten und 1 Tomate, in Scheiben geschnitten und in 1 Teelöffel Maisöl gedünstet; 75 g Mangold; 75 g (*150 g*) Mais; 1 Teelöffel Maismehl, um den Bratenfond anzudicken
oder 1 Portion Hähnchenspieß mit Erdnußsauce (Rezept s. Seite 83)

oder 1 Portion Gefüllte Hähnchenbrust (Rezept s. Seite 84)

Für Vegetarier: Statt des Thunfischs 2 zusätzliche Eier in den Salat mischen; außerdem gibt es statt des Hähnchenfleischs einen etwa 100 g (*175 g*) schweren Tofu-Burger.

10. Tag

Nach dem Aufstehen
Früchtetee nach Wahl

Frühstück
Wie am 2. Tag

Zwischenmahlzeit
50 g Hüttenkäse und 1 Stange Staudensellerie

Mittagessen
1 kleine (*mittlere*) Scheibe Vollwertbrot mit kalorienreduzierter Butter oder Margarine
Salat aus 75 g Mais, 150 g zarten grünen Bohnen, alles knapp gekocht und abgekühlt, dazu 15 g (*25 g*) Walnußhälften und ein Dressing aus Magermilchjoghurt, 1 Teelöffel kalorienreduzierter Mayonnaise, Zitronensaft und einer Prise Cayennepfeffer

Zwischenmahlzeit
1 Teelöffel (*1 Eßlöffel*) Erdnußbutter auf 1 (*2*) Roggenknäcke

Hauptmahlzeit
150 g Frikadelle aus Tatar, gemischten Kräutern, 1 Teelöffel Tomatenmark und 1 Spritzer Worcestershiresauce; 25 g geriebener Edamer zum Überbacken; 100 g (*225 g*) Pellkartoffeln; 150 g Aubergine mit 1 Teelöffel Kümmelsamen in 1 Teelöffel Öl geschmort
oder 1 Portion Gefüllte Aubergine (Rezept s. Seite 85)
oder 1 Portion Lammspieße mit Minzsauce (Rezept s. Seite 86)

Für Vegetarier: Statt der Hauptmahlzeit eine vegetarische Vollkorn-Pizza, dazu ein grüner Salat. Oder das Tatar in der Hauptmahlzeit durch Soja-Hackfleisch ersetzen.

11. Tag

Nach dem Aufstehen
Zitronentee

Frühstück
Wie am 3. Tag

Zwischenmahlzeit
25 g Edamer Käse und eine Stange Staudensellerie

Mittagessen
350 g selbstgemachte Linsensuppe (Rezept s. Seite 87)
1 Orange (*plus 1 Banane*)

Zwischenmahlzeit
25 g Sonnenblumenkerne

Hauptmahlzeit
100 g (*175 g*) mageres Lammfilet, 50 g roter Paprika, in Streifen geschnitten, und 1 Teelöffel gehackter Dill in Folie garen
100 g Mangold, 100 g Brokkoli
175 g Früchte nach Wahl sowie 25 ml (*50 ml*) kalorienreduzierte Sahne oder Magerjoghurt
oder 1 Portion Kalbfleisch-Auberginen-Pfanne (Rezept s. Seite 88)

Für Vegetarier: Statt des Lammfleischs 1/2 reife Avocado mit Zitronensaft beträufeln und grillen.

12. Tag

Nach dem Aufstehen
100 ml (*150 ml*) Orangensaft

Frühstück
Wie am 4. Tag

Zwischenmahlzeit
1 Banane
(*plus 15 g Sonnenblumenkerne*)

Mittagessen
1/2 kleine (*mittlere*) Avocado mit einer kleinen Dose (ca. 40 g) Krabben, 1 Eßlöffel kalorienreduzierter Mayonnaise und 1 Teelöffel Zitronensaft vermischen, auf Salatblättern anrichten und mit gehackter Petersilie garnieren
(*plus 1 mittlere Scheibe Vollwertbrot*)
1 Scheibe Melone

Zwischenmahlzeit
100 g Erdbeeren oder 1 Orange
1 Magermilchjoghurt

Hauptmahlzeit
Omelette aus 2 Eiern in 10 g (*15 g*) Butter braten, dazu 75 g Champignons in Scheiben und 50 g Mais
Blattsalat
1 kleine (*mittlere*) Scheibe Brot mit kalorienreduzierter Butter oder Mayonnaise
oder 1 Portion Eierratatouille (Rezept s. Seite 89)
oder 1 Portion Zucchini-Gratin (Rezept s. Seite 90)

Für Vegetarier: Die Avocado mit 50 g Hüttenkäse und 15 g gehackten Walnüssen füllen.

13. Tag

Nach dem Aufstehen
Zitronentee

Frühstück
Wie am 5. Tag

Zwischenmahlzeit
1 Orange; 15 g (*25 g*) Sonnenblumenkerne

Mittagessen
1 Portion Gazpacho (Rezept s. Seite 91) 50 g Brie und 2 Roggenknäcker

Zwischenmahlzeit
1 Nektarine oder Apfel, dazu 50 g (*100 g*) Kirschen oder Weintrauben
(*plus 1 kalorienreduzierter Fruchtjoghurt*)

Hauptmahlzeit
1 mittlelgroße Forelle (etwa 200 g) gegrillt, mikrowellengegart oder in einer beschichteten Pfanne in 1 Teelöffel Maisöl gebraten
25 g (*50 g*) Mandelblättchen, zart geröstet
50 g (*150 g*) neue Kartoffeln
75 g (*100 g*) grüne Bohnen oder Spinat
75 g (*100 g*) Erbsen
oder 1 Portion Lachs in Zitronencreme (Rezept s. Seite 92)
oder 1 Portion Gazpacho (Rezept s. Seite 91)

Für Vegetarier: Statt des Fischs 1 Soja-Hacksteak servieren; außerdem 15 g gehackte Nüsse nach Wahl über das Gemüse streuen.

14. Tag

Nach dem Aufstehen
100 ml (*150 ml*) Orangensaft

Frühstück
Wie am 6. Tag

Zwischenmahlzeit
2 Roggenknäcke mit 1 Teelöffel (*1Eßlöffel*) Erdnußbutter

Mittagessen
Salat aus Blattsalat, Staudensellerie, roter Paprika und Salatgurke
sowie 50 g Edamer Käse
1 Roggenknäcke mit kalorienreduzierter Butter oder Margarine (*oder 1 mittlere Scheibe Vollwertbrot mit kalorienreduzierter Butter oder Margarine*)

Zwischenmahlzeit
1 Apfel; 1 Fruchtjoghurt

Hauptmahlzeit
1 mittlere (*große*) Portion Hähnchenfleisch mit etwas püriertem Knoblauch (nach Wahl) und 1 Teelöffel Rosmarin grillen oder braten
75 g grüne Bohnen; 100 g Karotten oder Spinat; 75 g (*175 g*) gekochter ungeschälter Reis
oder 1 Portion Ingwerhähnchen (Rezept s. Seite 93)
oder 1 Portion Salbeileber (Rezept s. Seite 94);
1 Orange als Dessert zu jedem Rezept
(*plus 50 g Vanilleeis oder 1 Glas trockener Wein*)

Für Vegetarier: Statt der Hauptmahlzeit etwa 150 g vegetarische Vollkornquiche sowie ein gemischter Salat.

15. Tag

Nach dem Aufstehen
Früchtetee

Frühstück
Wie am 7. Tag

Zwischenmahlzeit
1 kalorienreduzierter Fruchtjoghurt; 1 Nektarine oder 1 Apfel
(*plus 1 Banane*)

Mittagessen
Salat aus 100 g Blumenkohl, 50 g Mangold, beides knapp gegart, dazu 50 g rote Paprika in Streifen, 25 g (*50 g*) Mandeln und ein Dressing aus 1 Eßlöffel Olivenöl, Zitronensaft und Gewürzen; auf frischem Blattspinat oder Radicchioblättern anrichten
1 Orange

Zwischenmahlzeit
50 g Hüttenkäse; 2 Roggenknäcke mit kalorienreduzierter Butter oder Margarine

Hauptmahlzeit
150 g (*175 g*) mageres Steak, gegrillt; 75 g grüne Bohnen; 50 g (*100 g*) neue Kartoffeln; 10 g Butter
oder 1 Portion Steak in Senfsauce (Rezept s. Seite 95), dazu Bohnen und Kartoffeln, jedoch keine Butter
oder 1 Portion Spaghetti mit Linsenpüree (Rezept s. Seite 96)
225 g Obst nach Wahl als Dessert zu allen Rezepten

Für Vegetarier: Das Steak durch 1 Tofu-Burger ersetzen.

Schlemmereien für einen flachen Bauch

Sie können die einfacheren Mahlzeiten des 15-Tage-Programms auch durch die folgenden etwas aufwendigeren Gerichte ersetzen, wenn Sie möchten. Sofern nicht anders angegeben, sind alle Rezepte für zwei Personen berechnet. Im allgemeinen brauchen Sie die Menge der Zutaten nur zu verdoppeln, wenn Sie für vier Personen kochen (bzw. für eine Person halbieren).

Die Rezepte bestehen fast ausschließlich aus positiven Nahrungsmitteln. Sie werden überrascht sein, wie schmackhaft und gut Sie essen können, während Sie gleichzeitig eine Menge für Ihren Bauch tun.

Safranhähnchen (1. Tag)

220 Kalorien pro Portion

2 mittelgroße, enthäutete Stücke Hähnchenbrust
2 zerdrückte Knoblauchzehen
1 Prise gemahlener Ingwer oder ein kleines Stück frischer Ingwer
1/2 TL Kardamon
1 Prise Paprika
1/2 TL Safranfäden oder 1/4 TL Safranpulver
1 Prise Salzersatz
15 g Butter
1 EL heißes Wasser
2 EL Magerjoghurt oder saure Sahne
1 Prise Cayennepfeffer
Sellerieblätter oder Brunnenkresse zum Garnieren

Jedes Stück Hähnchenbrust auf eine große Alufolie legen. Safran in etwas Wasser auflösen, das Fleisch sorgfältig damit einreiben. Knoblauch, Gewürze und Butter vermischen und auf die beiden Hähnchenportionen verteilen. Den restlichen Safran darüberstreuen, anschließend jede Hähnchenbrust fest in die Folie einwickeln. Bei 180 °C (Gas: Stufe 4) 30 Minuten garen lassen. Das Fleisch anschließend mit je einem Teelöffel Joghurt beträufeln, mit einer Prise Cayennepfeffer und etwas Sellerie oder Brunnenkresse garnieren. Mit Orangenreis (Rezept s. unten) servieren.

Orangenreis (1. Tag)

130 Kalorien pro Portion

50 g (Rohgewicht) ungeschälter Reis
75 ml Orangensaft
abgeriebene Schale einer unbehandelten Orange
50 ml Hühnerbrühe
15 g Sultaninen
1 Stück Zimtstange (ca. 1,5 cm)
1 Prise Salzersatz

Alle Zutaten in einen kleinen Topf geben. Bei geschlossenem Deckel 30 Minuten garen (bzw. so lange wie auf der Packung angegeben – die Garzeiten bei ungeschältem Reis unterscheiden sich erheblich). Falls der Reis zu trocken wird, gegen Ende der Garzeit noch ein wenig Wasser hinzufügen.

Honighähnchen (1. Tag)

250 Kalorien pro Portion

2 mittelgroße Stücke Hähnchenbrust, enthäutet
1 Knoblauchzehe, zerdrückt
1 EL flüssiger Honig
2 EL Rotweinessig
1 gestrichener TL Koriander
1 EL Oliven- oder Maisöl
2 TL Sojasauce

Vermischen Sie alle Zutaten außer dem Fleisch gründlich, reiben Sie das Fleisch mit dieser Marinade ein, und lassen Sie das Ganze mindestens 30 Minuten ziehen. Bei mittelstarker Hitze etwa 30 Minuten grillen, dabei immer wieder mit der restlichen Marinade beträufeln.

Italienisches Fischfilet (2. Tag)

210 Kalorien pro Portion

Zwei Kabeljaufilets à 175 g (oder andere Fischfilets nach Wahl)
50 g Champignons, in Scheiben geschnitten
1 TL Maismehl
1 Tl Olivenöl
1 TL brauner Zucker
1 Knoblauchzehe, zerdrückt
100 ml Fischfond
1 kleine Dose Tomaten
1/2 TL Oregano
je 1 Prise schwarzer Pfeffer und Salz
evtl. 1 Spritzer Tabasco

Bis auf den Fisch und die Pilze alle Zutaten in einem kleinen Topf verrühren. Fischfilets in eine flache, ofenfeste Form geben, die Pilze und die Sauce darübergeben. Zugedeckt bei 180 °C (Gas: Stufe 4) etwa 30 Minuten überbacken.

Seezunge in Champignonsauce (2. Tag)

180 Kalorien pro Portion

2 Seezungenfilets à 175 g
175 g Champignons, in Scheiben geschnitten
200 ml Magermilch
1 gestrichener EL Maismehl
Salzersatz und schwarzer Pfeffer
1 Spritzer Zitronensaft

Die Fischfilets mit etwas Milch ca. 5 Minuten in einer Pfanne pochieren, anschließend herausnehmen und warmstellen. Die restliche Milch mit dem Maismehl verrühren, in die Pfanne geben, salzen und pfeffern und dann zum Kochen bringen. Dabei ständig umrühren. Anschließend die Champignons und den Zitronensaft hinzufügen und weitere 2 –3 Minuten köcheln lassen. Die Sauce nochmals abschmecken, über den Fisch geben und servieren.

Marokkanisches Lamm (3. Tag)

300 Kalorien pro Portion

225 g mageres Lammfleisch, in Würfel geschnitten
1 kleine Zwiebel, in kleine Würfel geschnitten
1 Knoblauchzehe, zerdrückt
75 g getrocknete Aprikosen
100 g Aubergine, in Würfel geschnitten
1 TL Maisöl
150 ml Fleischbrühe
1 TL Tomatenpüree
1 TL Maismehl
1/2 TL Kümmel
1/2 TL Koriander
Salz, schwarzer Pfeffer
1 TL Aprikosenmarmelade
1 TL Magermilchjoghurt

Das Öl in einer beschichteten Pfanne erhitzen. Lammwürfel darin anbraten, dann in eine Kasserolle geben. Zwiebeln und Knoblauch glasig dünsten, ebenfalls in die Kasserolle geben. Aprikosen, Auberginewürfel und Gewürze hinzufügen. Die Fleischbrühe mit dem Tomatenpüree und Maismehl verrühren, über das Fleisch geben. Bei 170 °C (Gas: Stufe 3) etwa eine Stunde schmoren, bis das Lamm ganz zart und die Sauce etwas eingekocht ist. (Falls das Fleisch zu trocken wird, ein wenig zusätzliche Brühe oder Wasser in die Kasserolle geben.) Vor dem Servieren den Joghurt und die Marmelade in die Sauce rühren.

Zitronen-Schmorbraten (3. Tag)

275 Kalorien pro Portion

2 magere Scheiben Schmorbraten à 175 g
1 mittelgroße Zwiebel, püriert oder fein gewürfelt
1 Bund Petersilie, gehackt
1 Knoblauchzehe, zerdrückt
abgeriebene Schale und Saft einer großen unbehandelten Orange
1 Prise Paprika
Salzersatz und schwarzer Pfeffer
1 Spritzer Worcestershiresauce

Bis auf das Fleisch sämtliche Zutaten in einer Kasserolle vermischen. Dann die Fleischstücke hineinlegen, von allen Seiten mit der Marinade beträufeln und mindestens 2 Stunden ziehen lassen. Anschließend zugedeckt bei 180 °C (Gas: Stufe 4) etwa 1 1/4 Std. garen lassen, bis das Fleisch zart ist.

Hähnchen, Reis und Bohnensprossensalat (4. Tag)

300 Kalorien pro Portion (für 1 Person)

- 75 g gekochtes, enthäutetes und zerkleinertes Hähnchenfleisch
- 75 g gekochter ungeschälter Reis
- 75 g frische Bohnensprossen
- 50 g grüne Paprika, gewürfelt
- 1 Stange Sellerie, gewürfelt
- 15 g getrocknete, gewürfelte Pfirsiche oder Sultaninen
- 50 ml Magermilchjoghurt
- 1 TL Zitronensaft
- Salz, schwarzer Pfeffer
- 1 Prise Kurkuma oder mildes Currypulver

Joghurt, Zitronensaft und Gewürze vermischen. Die restlichen Zutaten dazugeben. Nach Belieben mit Salatblättern garnieren und auf einer Platte servieren.

Fenchelforelle (4. Tag)

255 Kalorien pro Portion

2 Forellen à 200 – 225 g
1 Bund Fenchelblätter oder 2 TL Fenchelsamen
1 TL Olivenöl
25 ml Weißwein
1/2 Zitrone
Salzersatz und schwarzer Pfeffer

Die Forelle innen und außen mit Salzersatz und Pfeffer einreiben, anschließend mit einigen Fenchelblättern (oder -samen) füllen. Jeden Fisch auf ein mit Maismehl bestäubtes Stück Alufolie legen. Den Wein auf beide Fische verteilen, jeweils einen Spritzer Zitronensaft hinzufügen, dann die Folie fest verschließen. Bei 220 °C (Gas: Stufe 7) 15 Minuten lang grillen. Den Fisch mit je einer Zitronenscheibe garniert in der Folie servieren.

Paprikahähnchen (5. Tag)

315 Kalorien pro Portion

2 mittelgroße Portionen enthäutetes Hähnchenfleisch
1 kleine Zwiebel, fein gewürfelt
1 grüne Paprika, in Streifen geschnitten
75 g Magermilchjoghurt
1 EL Maisöl
1 kleine Dose (200 g) Tomaten
75 ml Hühnerbrühe
1 TL Maismehl
1 gehäufter TL Paprika
Schwarzer Pfeffer
Salzersatz nach Belieben

Das Öl in einer beschichteten Pfanne erhitzen. Zwiebeln darin glasig dünsten. Hähnchenfleisch zusammen mit der Zwiebel in eine kleine Kasserolle füllen, mit Paprikastreifen bedecken. Tomaten, Hühnerbrühe, Maismehl und Paprikapulver mischen und ebenfalls in die Kasserolle füllen. Nach Belieben mit Salz und Pfeffer abschmecken. Zugedeckt bei 180 °C (Gas: Stufe 4) etwa 45 Minuten backen bis das Hähnchen gar ist. Vor dem Servieren mit Joghurt beträufeln.

Truthahn in Sherrysauce (5. Tag)

300 Kalorien pro Portion

2 Truthahnfilets à 150 g
oder Kalbsschnitzel
1 gestrichener EL Olivenöl
1 rote Paprika, in feine Ringe geschnitten
1 kleine Dose(200 g) Tomaten
1 Glas halbtrockener Sherry
1 EL Petersilie, gehackt
Salzersatz und schwarzer Pfeffer

Das Öl in einer beschichteten Pfanne erhitzen, die Truthahnfilets auf beiden Seiten bei scharfer Hitze etwa 1 Minute anbraten, anschließend warmstellen. Die Hitze verringern, Paprikastreifen in die Pfanne geben und weich dünsten. Dann den Sherry hinzugeben und zum Kochen bringen. Anschließend die restlichen Zutaten sowie den Truthahn in die Pfanne geben und zugedeckt 10 Minuten köcheln lassen. Abschmecken, und die Filets mit der Sauce zusammen servieren.

Geschmortes Rindfleisch in Austernsauce (6. Tag)

310 Kalorien pro Portion

225 g mageres Rumpsteak, in Streifen geschnitten
100 g Karotten, in streichholzgroße Streifen geschnitten
100 g Bohnen, in etwa 5 cm große Stücke geschnitten
100 g Mais
1/2 Knoblauchzehe, zerdrückt
1 TL Maismehl
1 TL trockener oder halbtrockener Sherry
1 TL Maismehl
1 TL Austernsauce
etwas Fleischbrühe
1 TL Sojasauce

Austernsauce, Knoblauch, Mehl, Sherry und 2 TL Fleischbrühe verrühren. Öl in einer beschichteten Pfanne erhitzen. Das Fleisch, die Karotten und Bohnen unter Rühren etwa 2 Minuten scharf anbraten. Maiskörner und Saucenmischung hinzufügen, 2-3 Minuten weitergaren lassen. Falls die Mischung klebt oder zu trocken ist, etwas mehr Fleischbrühe oder Wasser hinzufügen. Sofort servieren. Falls Sie auf Kalorien achten, servieren Sie das Rindfleisch mit Bohnensprossen, sonst mit ungeschältem Reis oder Nudeln.
Hinweis: Austernsauce ist in Supermärkten und Delikatessgeschäften erhältlich. Sie schmeckt nicht nach Austern, sondern hat einen starken Fleischgeschmack!

Champignon-Pilau (6. Tag)

340 Kalorien pro Portion

150 g ungeschälter Reis (Rohgewicht)
225 g Champignons, in Scheiben geschnitten
1 Lorbeerblatt
1/2 TL Zimt
1 EL Petersilie, gehackt
1 Ei, hartgekocht und geviertelt
25 g Sultaninen oder kleingeschnittene Datteln
250 ml Gemüsebrühe
1/2 Knoblauzehe, zerdrückt
1 Stück frischer Ingwer (etwa 1,5 cm lang)
je 1 gestrichener TL Koriander, Kurkuma, Kreuzkümmel und Paprika
2 EL Magerjoghurt
1 Stück Gurke (etwa 2,5 cm lang), gewürfelt
etwas Salzersatz und schwarzer Pfeffer
1 TL Austernsauce und einige Tropfen Maisöl

Das Öl in einer beschichteten Pfanne erhitzen und die Gewürze hinzugeben. Eine Minute bei mittlerer Hitze unter ständigem Rühren köcheln lassen. Dann die Champignons und die Sultaninen hinzufügen, erneut umrühren. Unter weiterem Rühren zunächst den Reis, dann den größten Teil der Gemüsebrühe, die Austernsauce und etwas Salzersatz hinzugeben. Zugedeckt etwa 15 Minuten köcheln lassen, bis der Reis gar ist. Nach zehn Minuten nachschauen und etwas mehr Gemüsebrühe hinzugießen, wenn der Reis zu trocken ist. Vor dem Servieren abschmecken und mit den Eivierteln sowie der Petersilie garnieren.

Geschmorte Leber (7. Tag)

275 Kalorien pro Portion

175 g Lammleber, in Streifen geschnitten
225 g Brokkoli
100 g Lauch, in Streifen geschnitten
1 TL Maisöl
2 EL Rotwein
2 TL Maismehl
1 TL brauner Zucker
50 ml Fleischbrühe
Salzersatz, schwarzer Pfeffer nach Belieben
Schnittlauchröllchen

Fleischbrühe, Mehl und Zucker in einer Tasse verrühren. Öl in einer beschichteten Pfanne erhitzen, Brokkoli unter Rühren 2-3 Minuten scharf anbraten. Lauch- und Leberstreifen hinzufügen, das Ganze eine weitere Minute braten. Wein hinzufügen und aufkochen. Fleischbrühenmischung zugießen und nochmals eine Minute garen. Nach Belieben mit Salz und Pfeffer abschmecken, gegebenfalls noch etwas Brühe zugießen. Mit Schnittlauchröllchen bestreut servieren.

Gefüllte Paprikaschoten (7. Tag)

330 Kalorien pro Portion

1 große oder 2 kleine Paprikaschoten
25 g Vollkorn-Paniermehl
50 g gehackte Mandeln
50 g Mozzarella, in Stücke geschnitten
1 kleine (200 g) Dose Tomaten
100 g Champignons
25 ml Rotwein
1/2 TL frisches Basilikum oder 1 Prise getrocknetes Basilikum
etwas Gemüsebrühe
Salzersatz und schwarzer Pfeffer

Die Paprikaschoten der Länge nach halbieren, und die Kerne entfernen. Die Paprikahälften in kochendem Wasser 2 Minuten blanchieren und in eine ofenfeste Form legen. Die übrigen Zutaten vermischen, dabei die Hälfte der Brotkrumen und der Mozarella zurückbehalten. Die Masse sollte nicht zu flüssig sein. Anschließend die Paprikahälften mit der Mischung füllen, den restlichen Käse und die Brotkrumen auf die Füllung geben. Unbedeckt bei 190 °C (Gas: Stufe 5) etwa 45 Minuten überbacken, bis die Paprikahälften zart gebräunt sind.

Rotbarsch-Spieße (8. Tag)

320 Kalorien pro Portion

325 g Rotbarsch- oder Kabeljaufilet, in Würfel geschnitten
225 g grüner Paprika, in Stücke geschnitten
3 Tomaten, in Würfel geschnitten
1 EL Olivenöl
1 EL Rotweinessig
1 EL Tomatenpüree
1 TL Worcestershiresauce
1 TL Honig
1 Knoblauchzehe, zerdrückt
1 gestr. TL Dijon-Senf
1 TL Maismehl
25 ml Wasser
1 TL Basilikum
Schwarzer Pfeffer

Bis auf den Fisch und das Gemüse alle Zutaten in einen kleinen Topf geben und vorsichtig garen. Anschließend die Fisch-, Paprika- und Tomatenwürfel auf Schaschlikspieße stecken und mit etwas Sauce einreiben. Die Spieße bei mittlerer Hitze etwa 12 Minuten grillen, dabei ein- oder zweimal wenden. Mit der restlichen Sauce servieren.

Scholle in Orangen- und Zitronensauce (8. Tag)

265 Kalorien pro Portion

2 Schollenfilets à 225 g
1 kleine Orange
1 kleine Zitrone
1/2 Glas trockener Weißwein
1 TL Sojasauce
10 g Butter
1 Lorbeerblatt

Von der Orange und der Zitrone jeweils zwei Scheiben abschneiden, den Rest der Früchte auspressen. Den Saft mit dem Wein, der Sojasauce und dem Lorbeerblatt vermischen. Die Schollenfilets in eine flache Schüssel geben, mit der Zitrusmischung übergießen und etwa eine halbe Stunde ziehen lassen. Anschließend die Fischfilets herausnehmen, mit der geschmolzenen Butter beträufeln und bei mittlerer bis starker Hitze braten. In der Zwischenzeit die Marinade in einem kleinen Topf erhitzen und etwa zur Hälfte einkochen lassen. Wenn der Fisch gar ist (nach etwa 6 Minuten), die Sauce darübergeben, und die Filets mit den Orangen- und Zitronenscheiben garnieren.

Hähnchenspieß mit Erdnußsauce (9. Tag)

385 Kalorien pro Portion

2 mittelgroße Hähnchenbrustfilets, enthäutet und in Würfel geschnitten

Für die Marinade:
1 EL Maisöl
1 EL Sojasauce
1 EL Tomatenpüree
1 Knoblauchzehe, zerdrückt

Für die Sauce:
1 TL Maisöl
1/2 Knoblauchzehe, zerdrückt
1/2 TL gemahlener Ingwer
75 ml Wasser
1 1/2 EL Erdnußbutter
1 TL Tomatenketchup
1 TL Zitronensaft
1 Spritzer Tabasco
Schwarzer Pfeffer

Die Zutaten für die Marinade in einer Schüssel verrühren. Das Hähnchenfleisch hineingeben und am besten über Nacht, mindestens jedoch 3 Stunden ziehen lassen. Das Fleisch auf 4 Holzspieße stecken und bei mittlerer Hitze 15 Minuten grillen, dabei ein- oder zweimal wenden. In der Zwischenzeit die Zutaten für die Sauce in einen kleinen Topf geben und bei mittlerer Hitze schmoren. Dabei von Zeit zu Zeit umrühren. Die Spieße auf Salatblättern anrichten, die Sauce in einer kleinen Schüssel dazu servieren.

Gefüllte Hähnchenbrust (9. Tag)

335 Kalorien pro Portion

2 mittelgroße Stücke Hähnchenbrust
1 kleine Zwiebel, püriert
25 g Walnußkerne, zerkleinert
75 g Champignons, in Scheiben geschnitten
1 TL Olivenöl
etwas Hühnerbrühe
1 Spritzer Ketchup
1 Spritzer Zitronensaft
etwas Salzersatz und schwarzer Pfeffer
1 TL Petersilie, gehackt

Die Zwiebeln mit dem Öl in einer beschichteten Pfanne dünsten, dann die Champignons hinzugeben und diese ebenfalls dünsten. Anschließend die übrigen Zutaten hinzufügen und weitere fünf Minuten garen. Dabei gelegentlich umrühren. Inzwischen die Haut der Hähnchen vorsichtig abheben, an einer Stelle jedoch befestigt lassen. Sobald die Mischung für die Füllung etwas abgekühlt ist, diese unter die Haut stopfen und entweder mit Zahnstochern oder Nähgarn befestigen. Die Hähnchenstücke etwa 30 Minuten bei mittlerer Hitze grillen, bis das Fleisch zart gebräunt und gar ist. Mit dem aufgefangenen Saft servieren.

Gefüllte Auberginen (10. Tag)

500 Kalorien pro Portion

1 große oder 2 kleine Auberginen
1 TL Tomatenpüree
225 g Tatar
1 mittelgroße Zwiebel, fein gewürfelt
1 Knoblauchzehe, fein gewürfelt
1 Messerspitze Muskatnuß
1 TL Maisöl
100 ml Fleischbrühe
50 g Edamer Käse, gerieben
Schwarzer Pfeffer
1/2 TL Salzersatz und Salatblätter

Die Aubergine(n) der Länge nach durchschneiden, das Fruchtfleisch herauslösen. Schale und Fleisch rundherum mit Salzersatz einreiben und etwa eine Stunde im Wasser ziehen lassen (so verliert die Aubergine ihren bitteren Geschmack). Anschließend das Salz abwaschen und die Auberginenteile trockentupfen. Öl in einer beschichteten Pfanne erhitzen, Zwiebel- und Knoblauchwürfel glasig dünsten. Das Fleisch hinzufügen und anbraten. Muskatnuß, Tomatenpüree, Fleischbrühe, Salz und Pfeffer hinzufügen und 10 Minuten garen lassen. Die Tatarmischung mit dem Auberginenfleisch vermischen. Die Auberginenschale in eine feuerfeste Form geben und mit der Fleischmischung füllen. Etwas Wasser in die Form gießen, zudecken und bei 180 °C (Gas: Stufe 4) 30 Minuten braten. Etwas Käse auf die Auberginien streuen und zerlaufen lassen. Mit grünem Salat servieren.

Lammspieß mit Minzsauce (10. Tag)

320 Kalorien pro Portion

275 g mageres Lammfilet, in Würfel geschnitten
1 gestrichener TL milde Currypaste
1/2 TL gemahlener Ingwer
Saft einer halben Zitrone
5 bis 6 Zweige frische Minze, gehackt
1 gehäufter TL flüssiger Honig
1 Spritzer Tabasco
1 Knoblauchzehe, zerdrückt
1 EL Rotweinessig
etwas Salzersatz
150 ml Magermilchjoghurt

Currypaste, Ingwer und Zitronensaft in einer Schüssel verrühren, dann die Lammwürfel untermischen und mindestens zwei Stunden ziehen lassen. Anschließend die Lammmwürfel auf Spieße stecken, etwa 15 Minuten grillen, dabei ab und zu wenden. In der Zwischenzeit die übrigen Zutaten in einer kleinen Schüssel mischen, abschmekken und zusammen mit den Lammwürfeln servieren.

Linsensuppe (11. Tag)

250 Kalorien pro Portion

100 g Linsen
1/2 l Gemüsebrühe
50 g Kartoffeln, fein gewürfelt
50 g Karotten, in Scheiben geschnitten
1 kleine Zwiebel, fein gewürfelt
Schwarzer Pfeffer
Salzersatz nach Belieben

Sämtliche Zutaten in einen Topf geben und zugedeckt 1 1/2 Stunden köcheln lassen, bzw. so lange, bis die Linsen weich sind. (Die Garzeiten sind, je nach Alter der Linsen, sehr unterschiedlich). Das Ganze mit einem Pürierstab zerkleinern bis eine dickflüssige Masse entsteht. Nach Belieben noch etwas Wasser hinzufügen oder als dicken Eintopf servieren.

Kalbfleisch-Auberginen-Pfanne (11. Tag)

240 Kalorien pro Portion

300 g Kalbsfilet, in Würfel geschnitten
1 mittelgroße (300 g) Aubergine
1 kleine Zwiebel, fein geschnitten
1 kleine (200 g) Dose Tomaten
1 gestrichener EL Tomatenmark
1 TL Kreuzkümmel
einige Salbeiblätter
100 ml Hühnerbrühe
Salzersatz und schwarzer Pfeffer
10 g Butter

Die Aubergine in Scheiben schneiden, mit Salz bestreuen und in einer Schüssel mindestens 30 Minuten Wasser ziehen lassen. Anschließend gründlich waschen und trockentupfen. Die Butter in einer beschichteten Pfanne schmelzen, und die Zwiebeln darin weich dünsten. Anschließend die Zwiebeln herausnehmen, und die Fleischwürfel in die Pfanne geben. Bei stärkerer Hitze etwa eine Minute anbraten, dabei ständig umrühren. Anschließend alle Zutaten in eine Kasserolle geben und zugedeckt bei 150 °C (Gas: Stufe 2) etwa 1 Stunde garen lassen.

Überbackenes Eierratatouille (12. Tag)

275 Kalorien pro Portion

2 Eier
225 g Auberginen, in Würfel geschnitten
100 g Zucchinis, in Scheiben
10 g Butter
1 kleine Zwiebel, fein gewürfelt
1 kleine Dose Tomaten
2 EL Olivenöl
2 TL Koriander
1 TL Schwarzer Pfeffer
Salzersatz nach Belieben

Öl in einer beschichteten Pfanne erhitzen, das gesamte Gemüse bis auf die Tomaten etwa 5 Minuten dünsten. Gewürze hinzufügen, zugedeckt etwa 30 Minuten köcheln lassen, dabei hin und wieder umrühren. Tomaten hinzugeben und weitere 20 – 30 Minuten schmoren lassen, bis das Gemüse weich ist. Das Ratatouille auf zwei ofenfeste Formen aufteilen. In die Mitte der Masse jeweils eine Vertiefung drücken, und ein Ei hineinschlagen. Mit etwas Pfeffer bestreuen, und einen Klecks Butter daraufgeben. Bei 180 °C (Gas: Stufe 4) so lange backen, bis die Eier gestockt sind.

Zucchini-Gratin (12. Tag)

270 Kalorien pro Portion

275 g Zucchinis
50 g Paniermehl
50 g Greyerzer Käse, gerieben
1 kleine (200 g) Dose Tomaten
1 gestrichener EL Olivenöl
1 TL Basilikum
Schwarzer Pfeffer

Die Zucchinis in Scheiben schneiden und mit dem Öl in einer beschichteten Pfanne goldbraun braten. Dann die Tomaten und die Gewürze hinzufügen und zugedeckt etwa 15 Minuten garen lassen.

Anschließend auf 2 kleine ofenfeste Formen aufteilen, mit Käse und Paniermehl bestreuen und bei mittlerer Hitze etwa 10 Minuten goldbraun werden lassen.

Gazpacho (13. Tag)

50 Kalorien pro Portion

1 große Dose Tomaten
225 g Salatgurke, gewürfelt
175 g grüne Paprika, gewürfelt
1 Knoblauchzehe, zerdrückt
1 EL Rotweinessig
1 Spritzer Tabasco
Schwarzer Pfeffer
Salzersatz nach Belieben
Eiswürfel
evtl. Tomatensaft

Einige Gurken- und Paprikawürfel beiseitestellen. Die übrigen Zutaten außer dem Tomatensaft pürieren. Gegebenenfalls zum Verdünnen etwas Tomatensaft hinzufügen. 3 Stunden kühlstellen, abschmecken. Mit den restlichen Paprika- und Gurkenwürfeln bestreut servieren.

Lachs in Zitronencreme (13. Tag)

370 Kalorien pro Portion

2 Lachsfilets à 100 g
100 ml süße Sahne
15 g Butter
1/2 Zitrone
2 TL Petersilie
etwas Salzersatz und schwarzer Pfeffer

Die Filets in eine möglichst enge, gebutterte, ofenfeste Form geben.
Mit Salzersatz und Pfeffer würzen. Anschließend die Zitrone schälen, und die Zitronenspalten auf die Filets geben. Die Sahne darübergießen und bei 190 °C (Gas: Stufe 5) etwa 15 – 20 Minuten backen. Falls die Lachsfilets zu trocken werden, noch ein wenig Sahne dazugießen. Die Filets mit Petersilie garnieren und zusammen mit der Zitronencreme servieren.

Ingwerhähnchen (14. Tag)

365 Kolorien pro Portion

225 g mageres Hähnchenfleisch, in Streifen geschnitten
50 g Mais
175 g Champignons, in Scheiben geschnitten
10 g frischer Ingwer, geschält
50 g Nudeln (ungekocht gewogen)
100 g Mangold
1 EL trockener oder halbtrockener Sherry
1 TL Sojasauce
50 ml Hühnerbrühe
1 TL Maismehl
Salzersatz nach Belieben

Öl in einer beschichteten Pfanne erhitzen. Den Mangold hinzugeben und unter Rühren 2 Minuten dünsten. Hähnchenfleisch, Mais, Champignons und Ingwer hinzufügen und weitere zwei Minuten schmoren. Sherry hinzugießen, kurz aufwallen lassen. Hühnerbrühe mit Mehl und Sojasauce verrühren und ebenfalls in die Pfanne geben, bis die Sauce sämig wird.
In der Zwischenzeit die Nudeln in Salzwasser kochen. Die Nudeln mit dem Hähnchenfleisch und dem Gemüse vermischen, das Ingwerstück herausnehmen, und alles sofort servieren.
Hinweis: Wenn Sie einen stärkeren Ingwergeschmack bevorzugen, schneiden Sie den Ingwer in kleine Stücke, und servieren Sie ihn mit.

Salbeileber (14. Tag)

290 Kalorien pro Portion

225 g Kalbs- oder Lammleber in dünnen Scheiben
1 kleine Zwiebel, püriert
1 EL Maisöl
1 EL frischer Salbei, gehackt
50 ml Hühnerbrühe
Salzersatz und schwarzer Pfeffer

Die pürierte Zwiebel zusammen mit der Hühnerbrühe, dem Wein, Salzersatz und Pfeffer sowie der Hälfte der Salbeiblätter in einen Topf geben. 10 bis 15 Minuten garen, bis eine sämige Sauce entsteht. In der Zwischenzeit eine beschichtete Pfanne erhitzen. Die Leberscheiben mit Öl bestreichen, den restlichen Salbei darüberstreuen und bei scharfer Hitze auf jeder Seite etwa 2 bis 3 Minuten braten. Mit der Sauce servieren.

Steak in Senfsauce (15. Tag)

400 Kalorien pro Portion

2 magere Rumpsteaks à 150 g
15 g Butter
Schwarzer Pfeffer
100 ml Magermilchjoghurt
2 gehäufte TL Dijon-Senf

Die Butter in einer beschichteten Pfanne erhitzen, aber nicht braun werden lassen. Die Steaks in die Pfanne geben und von jeder Seite 3 bis 5 Minuten anbraten. Steaks herausnehmen und warmstellen.
Anschließend das Joghurt mit dem Senf und dem Pfeffer in der Pfanne verrühren und erhitzen, aber nicht kochen lassen. Über die Steaks geben und sofort servieren.

Sparghetti mit Linsenpüree (15. Tag)

480 Kalorien pro Portion

100 g Linsen
1 mittelgroße Zwiebel, püriert
1 Knoblauchzehe, zerdrückt
2 Stangen Staudensellerie, fein gewürfelt
1 Karotte, fein gewürfelt
1 kleine (200 g) Dose Tomaten
1 EL Olivenöl
1 EL Tomatenmark
1 TL Majoran
150 ml Gemüsebrühe
100 g Vollkorn-Spaghetti (Trockengewicht)
2 gestrichene TL geriebener Parmesan

Die Linsen in viel Wasser etwa eine Stunde (oder weniger, je nach Alter) weichkochen. Abtropfen lassen. Öl in eine beschichtete Pfanne geben, und die Zwiebel sowie die Sellerie- und Karottenwürfel unter Rühren dünsten. Knoblauch, Tomaten, Tomatenmark, Majoran und Gemüsebrühe hinzugeben, zum Kochen bringen und etwa 30 Minuten köcheln lassen, bis die Sauce sämig ist. Abschmecken und gegebenenfalls etwas Salzersatz hinzufügen. Die Spaghetti kochen und zusammen mit dem Linsenpüree und dem Parmesankäse servieren.

Die Bauch-weg-Gymnastik

Solange Ihre Bauchmuskeln schlaff und untrainiert sind, wird Ihr Bauch nie richtig flach werden. Und da diese Muskelpartien im Gegensatz zu den übrigen Muskeln in unserem Körper nur selten beansprucht werden, kostet es einige Mühe, sie in Form zu halten.

Früher hielt ich dies immer für ein hoffnungsloses Unterfangen. Heute weiß ich jedoch, daß die meisten Gymnastikübungen, mit denen ich mich quälte, nicht nur sinnlos sind, sondern häufig auch gefährlich.

Sinnlos sind diese Übungen deshalb, weil man sie nicht in der richtigen Stellung ausführt, und daher andere Körperteile, wie z.B. die Oberschenkel, viel stärker beansprucht werden als der Bauch. Und *gefährlich* sind sie, weil sie unter Umständen eine enorme Belastung für den Rükken bedeuten können. Die klassische Klappmesserübung ist ein wunderbares Beispiel für eine Bauchgymnastik, die nicht nur ihren Zweck nicht erfüllt, sondern darüber hinaus den Rücken übermäßig beansprucht. Auf die schräg verlaufenden Seitenmuskeln etwa, die zickzackförmig durch den Unterleib verlaufen, üben sie überhaupt keine Wirkung aus.

Die Gymnastikübungen, die ich Ihnen auf den folgenden Seiten vorstelle, beanspruchen die *gesamte* Bauchgegend, von der Brust bis zu den Hüften und von einer Körperseite bis zur anderen.

Wenn Sie das Übungsprogramm genau befolgen, werden Sie als erstes feststellen, daß die Muskeln unterhalb der Brust und in der Taillengegend kräftiger werden. Die Verbesserung verläuft *von oben nach unten.* Geben Sie also nicht schon nach ein paar Tagen auf, weil Sie das Gefühl haben, keine Fortschritte zu erzielen – halten Sie nur durch, Sie werden *garantiert* Erfolg haben!

So funktioniert das Gymnastik-Programm

Der Stufenplan

Bestimmt werden Sie meine Bauch-weg-Gymnastik kinderleicht finden – denn sie *ist* kinderleicht! Damit behaupte ich nicht, daß die Übungen Ihnen keine Mühe bereiten werden, denn wenn das Programm so einfach wäre, würde es nicht funktionieren. Ich habe jedoch ein besonderes System entwickelt, mit dessen Hilfe Sie die einzelnen Übungen genau an Ihre individuelle Fähigkeiten anpassen können. Sie trainieren also genau so, wie *Sie* es brauchen.

Egal, ob Ihre Bauchmuskeln und Ihre Kondition schwach, sehr schwach oder schlicht in einem fürchterlichen Zustand sind: Sie können sich meinem Programm anvertrauen, denn es ist nach einem einzigartigen Stufenplan aufgebaut.

Sie beginnen bei allen Übungen mit der Schwierigkeitsstufe 1, also mit der niedrigsten und einfachsten Stufe. Während der fünfzehn Tage arbeiten Sie sich langsam hoch bis zur 3. Stufe. Die 2. Stufe ist schwierig, die 3. Stufe ist noch schwieriger. Doch wenn Sie sich langsam und vernünftig vorarbeiten, werden Ihnen die beiden Stufen gar nicht mehr schwer erscheinen.

Damit Sie auch wirklich Erfolg haben, verlange ich nur eins von Ihnen: hundertprozentigen Einsatz. Der Rest geht dann von ganz allein.

Beginnen Sie also jede Übung mit der Schwierigkeitsstufe 1. Sobald Ihnen diese Stufe keine Probleme mehr bereitet, versuchen Sie die 2. Stufe, dann die 3. Wichtig ist: Sobald Sie eine Stufe beherrschen, dürfen Sie sich nicht ausruhen. Versuchen Sie die nächste Stufe! Nur so bekommen Sie einen wirklich flachen Bauch. Andererseits sollten Sie auch nicht zu schnell voranschreiten. Wagen Sie sich erst dann an die jeweils höhere Stufe, wenn Sie die letzte auch wirklich vollkommen beherrschen.

Wenn Ihre Bauchmuskeln besonders schwach ausgebildet sind, üben Sie ruhig eine Woche lang in der 1. Stufe. Besitzen Sie eine etwas kräftigere Bauchmuskulatur, können Sie sich wahrscheinlich schon nach drei oder vier Tagen an eine höhere Stufe wagen, und am Ende der ersten Woche haben Sie sicher schon Schwierigkeitsgrad 3 erreicht.

Denken Sie positiv, Sie werden überrascht sein, wozu Sie fähig sind. Sie müssen sich schon ein bißchen anstrengen, um Fortschritte zu erzielen, aber horchen Sie dabei immer auf Ihren Körper und überanstrengen Sie ihn nicht zu sehr.

Das Routineprogramm

Das Gymnastikprogramm besteht aus mehreren Teilen. Nach einer Aufwärmphase folgen sechs Bauchübungen, denen jeweils ein sogenannter «Beckenschub» vorangeht. Am Ende jeder Bauchübung erfolgt ein sogenanntes «Knieanziehen». Dann schließen sich vier Gleichgewichtsübungen sowie eine Abkühlphase an.

Für das gesamte Programm sollten Sie täglich nicht mehr als vierzig und nicht weniger als dreißig Minuten benötigen. «Das ist aber eine Menge Zeit», höre ich Sie schon klagen. Doch überlegen Sie einmal, wieviel Zeit Sie schon für andere Programme vergeudet haben. Und wieviel Zeit vertun Sie ständig, nur weil Sie wieder einmal vor dem Spiegel stehen und sich über Ihre Figur ärgern. *Jetzt müssen Sie nur fünfzehn Tage lang jeweils vierzig Minuten aufwenden und werden dafür garantiert mit einem überwältigenden Ergebnis belohnt.*

Ganz wichtig ist, daß Sie verstehen, warum Sie eine bestimmte Übung machen müssen, und noch wichtiger ist, daß Sie wissen, wie Sie sie richtig ausführen. Deshalb *müssen Sie die folgenden Absätze unbedingt ebenso sorgfältig lesen* wie die Anleitungen zu jeder einzelnen Übung. Wenn Sie die Übungen machen, ohne sich genau an die Anweisungen zu halten, werden Sie nicht den Erfolg erzielen, den ich und Sie erhoffen.

Ich erkläre Ihnen nun als erstes das Routineprogramm.

Die Aufwärmphase

Die Aufwärmübungen sind ganz wichtig, damit Ihr Körper überhaupt arbeiten kann. Den Körper aufwärmen bedeutet, den Kreislauf in Schwung bringen sowie die wichtigsten Muskeln aufwärmen und sanft dehnen. Ohne diese Aufwärmübungen ist auch der einfachste Bewegungsablauf viel schwieriger zu bewältigen, außerdem riskieren Sie Verspannungen und Zerrungen. Deshalb eine dringende Bitte: Machen Sie die Aufwärmübungen! Es kostet Sie nicht viel Zeit, und das gesamte Programm wird dadurch wesentlich einfacher und sicherer.

Die Bauchübungen 1 – 6

Diese Übungen beanspruchen die verschiedenen Muskelgruppen, die den Unter- und Oberbauch sowie die Taille durchziehen. Beginnen Sie jede Übung mit Schwierigkeitsstufe 1. Sobald es Ihnen keinerlei Mühe mehr bereitet, sämtliche Wiederholungen auszuführen, bzw. eine bestimmte Stellung in der geforderten Zeit einzuhalten, können Sie sich an die nächste Stufe wagen. Wenn Sie bei den Übungen schließlich auch Stufe 3 beherrschen, können Sie sie, wenn Sie möchten, einfach entsprechend häufiger wiederholen.

Ehe Sie mit einer Übung beginnen, sollten Sie sich die entsprechenden Anweisungen zunächst sorgfältig durchlesen. Jeder Bauchübung geht ein sogenannter «Beckenschub» voran – eine simple Übung, für die Sie nur wenige Sekunden benötigen, die aber ganz wichtig ist, damit Sie die richtige Ausgangshaltung einnehmen. Nach jeder Bauchübung erfolgt ein «Knieanziehen» – eine Bewegung, die Sie vor Verspannungen bewahrt und Ihnen das gesamte Übungsprogramm erleichtert.

Die Gleichgewichtsübungen 7 – 10

Diese Übungen haben zwei wichtige Funktionen: Sie sorgen dafür, daß sich die Bauchmuskeln nach dem anstrengenden Training entspannen, außerdem kräftigen sie den unteren Teil von Rücken und Hüfte. Bei Leuten mit schwach ausgebildeten Bauchmuskeln ist das häufig eine besonders problematische Zone, die jedoch für ein wirklich gutes Ergebnis unbedingt trainiert werden muß. Außerdem spielen die Gleichgewichtsübungen eine wichtige Rolle für die Haltung – mehr zu diesem Thema erfahren Sie im 6. Kapitel.

Nach den anstrengenden Bauchübungen wird Ihnen dieser Teil des Programms sehr angenehm erscheinen. Überspringen Sie ihn jedoch nicht! Alle diese Übungen haben jeweils nur eine einzige Schwierigkeitsstufe, die Sie während der gesamten fünfzehn Tage beibehalten.

Die Abkühlphase

Ein wunderbarer Abschluß für Ihr Übungsprogramm: Strecken und dehnen Sie Ihren Körper fünf Minuten lang. Glauben Sie mir, Sie werden sich anschließend himmlisch fühlen. Bei diesen Übungen kühlt Ihr Körper nicht nur langsam ab und wird wohltuend entspannt, die Übungen sind zudem ideal für Leute mit Haltungsschäden und für solche, die den ganzen Tag am Schreibtisch sitzen. Die Übungen befreien Sie von Verspannungen im Nacken- und Schulterbereich, sie fördern eine gleichmäßige Atmung, dehnen die Rippen- und Bauchgegend – und das alles, während Sie «nur daliegen» und sich der Schwerkraft hingeben. Die Streck- und Dehnübungen sind ganz wichtig, deshalb sollten Sie auch deren Anleitung sorgfältig durchlesen.

Am Ende Ihres Gymnastikprogramms sollten Sie sich *wohlfühlen.* Gleichzeitig sollten Sie spüren, daß Sie sich angestrengt haben, und herrlich müde und entspannt sein. Wenn Sie das Gefühl haben, nichts getan zu haben, haben Sie sich nicht genügend Mühe gegeben. Strengen Sie sich beim nächstenmal etwas mehr an!

Bevor Sie mit dem Training beginnen

Hier noch ein paar Ratschläge, damit Sie auch wirklich den größtmöglichen Erfolg mit dem Bauch-weg-Programm erzielen. Also unbedingt weiterlesen!

Der Übungsraum

Suchen Sie sich ein ruhiges Zimmer, in dem Sie ausreichend Platz haben, um alle Übungen richtig auszuführen. Dazu brauchen Sie eine Grundfläche von mindestens 2,40 × 2,00 Meter. Sollte der Fußboden nicht mit einem Teppich oder Teppichboden bedeckt sein, benötigen Sie eine Übungsmatte. Legen Sie zusätzlich ein dickes Handtuch auf den Teppich oder die Matte, das ist bequemer und hygienischer. Zusätzlich können Sie noch ein kleines, flaches Kissen bei den Übungen 1 – 6 unter den Kopf schieben. Die Übungen werden dadurch in ihrer Wirkung nicht beeinträchtigt.

Für einige Übungen benötigen Sie einen stabilen Stuhl oder einen Hocker. Hilfreich ist auch ein Spiegel, mit dessen Hilfe Sie Ihre Haltung überprüfen können, er ist jedoch nicht unbedingt nötig. Die Raumtemperatur sollte etwa 21 °C betragen. Wenn Sie in einem kalten Raum trainieren, riskieren Sie Muskelfaserrisse, weil die Muskeln dann nicht so geschmeidig sind. Das Übungsprogramm ist kein Konditionstraining, Sie werden also nicht übermäßig ins Schwitzen geraten. Wenn Sie möchten, können Sie mit Musik trainieren. Versuchen Sie jedoch nicht, die Übungen nach dem Rhythmus der Musik auszuführen, dazu sind sie nicht geeignet.

Die richtige Kleidung

Tragen Sie nichts, was Sie in irgendeiner Weise einengt. Ideal ist ein Gymnastikanzug, in dem Sie Ihren Körper und Ihre Körperhaltung genau überprüfen können. Ebensogut sind jedoch auch Shorts und ein T-Shirt. Während der Aufwärmphase sollten Sie zusätzlich einen Jogginganzug tragen. Schuhe sind für diese Übungen nicht nötig. Im Gegenteil, ich rate Ihnen sogar von Turnschuhen mit dicken Sohlen ab, da sie bei einigen Übungen hinderlich sein könnten. Falls Sie langes Haar haben, binden Sie es zusammen, es könnte Sie sonst bei den Übungen stören.

Übungszeiten

Nach Möglichkeit sollten Sie die Gymnastikübungen jeden Tag zu einer festgesetzten Zeit machen. Es ist wichtig, daß Sie täglich trainieren, und wenn Sie keine Zeit festlegen, sind 24 Stunden schnell vorüber. Außerdem sollten Sie sich nicht gleich morgens nach dem Aufstehen an die Übungen machen, denn zu dieser Zeit ist Ihr Körper noch ungelenkig und vor allem sehr kälteempfindlich. Trainieren Sie also lieber etwas später am Vormittag. Außerdem sollten Sie nach einer Mahlzeit mindestens eineinhalb Stunden warten, ehe Sie mit den Übungen beginnen.

Lernen Sie die Übungen kennen

Sie sollten einen Zeitraum von mindestens 40 Minuten einplanen, um sich mit dem Programm vertraut zu machen und alle Bewegungsabläufe genau zu verstehen. Wenn Sie zusammen mit einem Partner trainieren, der Ihnen ab und zu zusieht und Sie korrigiert, um so besser. Die Übungen sind nicht kompliziert, so daß Sie eigentlich nach ein oder zwei Tagen nicht mehr ständig ins Buch schauen müssen.

Achten Sie jedoch sorgfältig darauf, daß Sie die Übungen korrekt und genau nach Anleitung ausführen.

Die Bewegungsabläufe

Wichtig ist vor allem, daß Sie schnelle, abrupte Bewegungen vermeiden. Sämtliche Übungen dieses Programms sollen langsam, kontrolliert und flüssig ausgeführt werden. Die Wirkung der Übungen hängt davon ab, daß Sie bestimmte Körperstellungen eine Weile *halten*, bzw. Bewegungsabläufe mehrmals *wiederholen*. Während des gesamten Programms sollten Sie nie die *Kontrolle* über Ihren Körper verlieren. Sie sollten Ihre Bauchmuskeln ständig spüren und sich auf jede einzelne Bewegung konzentrieren. Wenn Sie sich übernehmen und den «Beckenschub» nicht halten können, schiebt sich der Bauch automatisch nach vorn – Sie sehen sofort, wenn das geschieht. Entspannen Sie sich lieber einen Moment, ehe Sie das Training fortsetzen.

Atmen Sie ruhig und normal, wenn nicht anders angegeben. Halten Sie nicht die Luft an. Am natürlichsten ist es, wenn Sie vor einer Bewegung einatmen und während der Bewegung ausatmen.

Sicherheit

Alle Übungen sind ganz sicher, wenn Sie alle Anweisungen gründlich lesen und befolgen. Ich habe darauf geachtet, Übungen zu vermeiden, die Ihren Rücken besonders belasten könnten.

Problemfälle

Jeder gesunde und normal belastbare Mensch sollte die Übungen ohne größere Schwierigkeiten und Risiken meistern können. Dennoch: Wenn Sie sich in ärztlicher Behandlung befinden oder an einer bestimmten Krankheit leiden oder wenn Sie jahrelang keinen Sport getrieben haben, sollten Sie Ihren Arzt fragen, ehe Sie mit einer der folgenden Übungen beginnen.

Wenn Sie besonders steif, ungelenkig oder konditionsschwach sind, wird es Ihnen vielleicht schwerfallen, einige der Übungen so auszuführen, wie sie beschrieben sind. Geben Sie sich trotzdem alle Mühe. Sie werden sehen: Mit jedem Tag wird Ihr Körper beweglicher und gelenkiger.

Während Sie die Übungen ausführen, dürfen Sie keinerlei Schmerzen verspüren – aber Sie sollten deutlich merken, daß Sie sich bewegen. Am 2. Tag werden Sie sich vielleicht etwas steif fühlen, üben Sie trotzdem weiter! Spätestens am 4. Tag werden Sie dieses Gefühl überwunden haben, und Sie werden spüren, daß Sie Ihren Körper viel besser unter Kontrolle haben und wesentlich kräftiger und beweglicher werden.

Das Ende des Programms

Wenn die fünfzehn Tage vorüber sind, lesen Sie auf Seite 159 nach, wie es weitergeht.

Zum Schluß möchte ich Sie noch einmal an das erinnern, was Sie mir versprochen haben: Sie werden Ihr Bestes geben! Führen Sie das Bauch-weg-Programm so aus, wie es eine Ballettänzerin tun würde – mit Bestimmtheit, Zähigkeit und Konzentration. Strengen Sie sich an! Das Programm wird garantiert Wirkung zeigen, wenn Sie sich nur Mühe geben.

Der «Beckenschub»

Bevor Sie mit dem Bauchmuskeltraining beginnen, müssen Sie lernen, diese einfache Bewegung zu beherrschen. Sie müssen den Beckenschub fast vor jeder Übung ausführen und während der gesamten Zeit einhalten, denn nur dann können Sie die Bewegungen richtig und effektiv ausführen. Ich versichere Ihnen, der Beckenschub geht Ihnen rasch in Fleisch und Blut über, denn er ist im Grunde recht einfach.

Am besten können Sie den Beckenschub im Liegen erlernen, aber es geht auch stehend oder sitzend. Sie müssen nur darauf achten, daß Ihr Becken eine gerade Linie bildet und nicht zu weit vorgeschoben ist.

1. Legen Sie sich auf den Boden wie auf unserem Bild (Abb. 1). Wenn Sie nun die Hand unter Ihren Rücken legen, werden Sie einen Hohlraum zwischen Rücken und Fußboden feststellen – vielleicht sogar einen ziemlich großen. Der Beckenschub wird diesen Hohlraum schließen. Ziehen Sie Ihre Hände zurück und legen Sie die Arme neben sich.

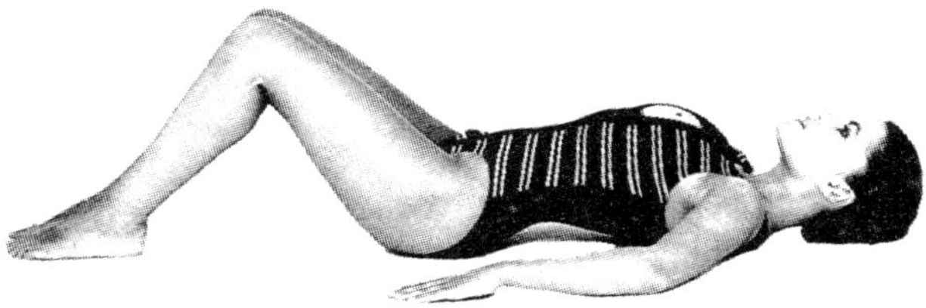

Abb. 1

2. Vergewissern Sie sich, daß Nacken und Schultern flach auf dem Boden liegen. Drücken Sie nun den unteren Teil des Rückens mit Hilfe Ihrer Bauchmuskeln zu Boden, und schieben Sie das Becken in Richtung Ihres Oberkörpers. Jetzt ist Ihr Becken ganz gerade (Abb. 2). Ziehen Sie Ihren Bauch fest in Richtung Boden, und zählen Sie bis fünf, ehe Sie mit der Übung beginnen.

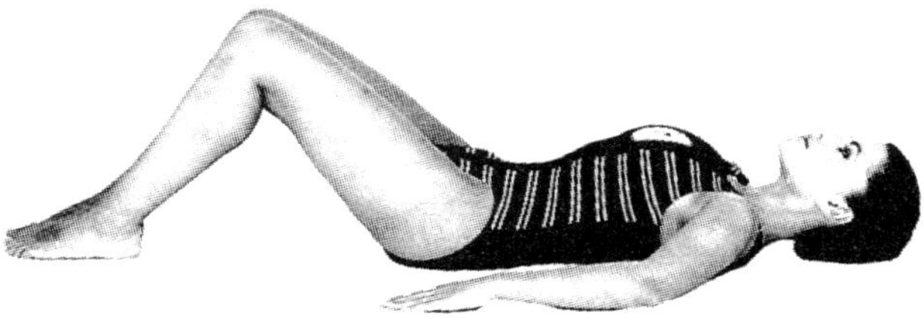

Abb. 2

Das «Knieanziehen»

Nach den Übungen 1 – 6 vollführen Sie jedesmal ein Knieanziehen. Es hilft Ihnen dabei, den Körper während der Übungen im Gleichgewicht zu halten.
1. Legen Sie sich hin wie auf dem Bild, und führen Sie den Beckenschub aus.

2. Ziehen Sie nun das rechte Bein an, indem Sie das rechte Knie mit den Händen umfassen. Ziehen Sie das Knie so weit zur Brust, wie Sie können, und heben Sie dabei ganz leicht den Kopf (Abb. 3). Halten Sie diese Stellung, und zählen Sie bis zehn. Wiederholen Sie die gesamte Bewegung mit dem linken Bein. Wenn Ihre Hüft- bzw. Lendengegend besonders unbeweglich ist, werden Sie bald große Fortschritte erzielen. Mit jedem Tag werden Sie Ihre Knie weiter an die Brust ziehen können.

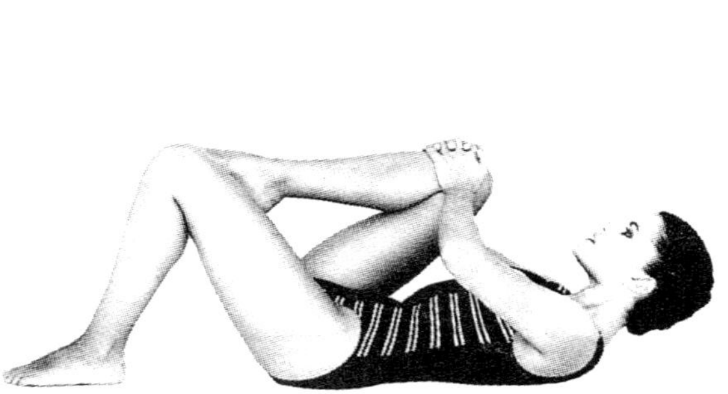

Abb. 3

Die Aufwärmphase

1. Stellen Sie sich aufrecht hin, und beschreiben Sie abwechselnd mit dem rechten und linken Arm zwanzig große Kreise. Führen Sie die Kreise von vorn nach hinten

Abb. 4

gleichmäßig aus, halten Sie den Kopf aufrecht, und achten Sie darauf, daß Sie in den Hüften nicht zur Seite abknicken (Abb. 4, 5, und 6).

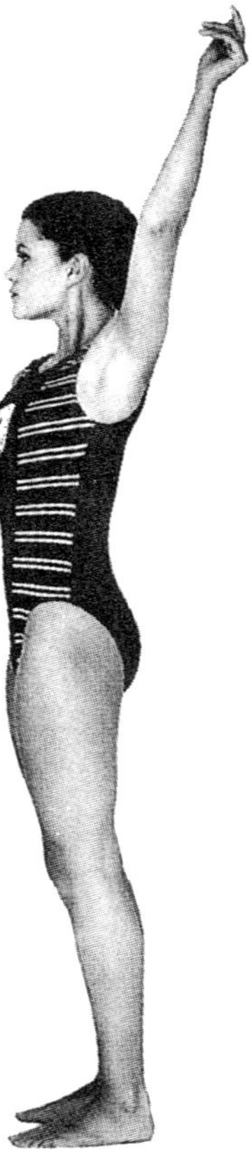

Abb. 5

Abb. 6

2. Stellen Sie sich aufrecht und mit leicht gespreizten Beinen hin, und verschränken Sie die Hände über dem Kopf (Abb. 7). Lassen Sie den Oberkörper nun zu Boden schwingen, halten Sie die Beine dabei gespreizt und die Knie durchgedrückt (Abb. 8).

Abb. 7

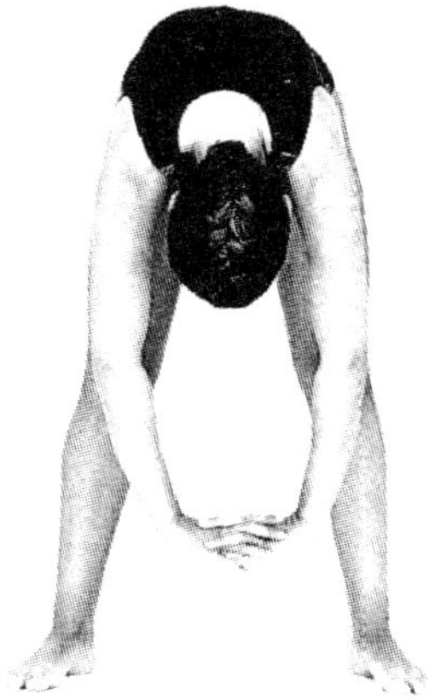

Abb. 8

Als nächstes schwingen Sie nach rechts (Abb. 9). Kehren Sie mit einer großen rhythmischen Kreisbewegung des Oberkörpers in die Ausgangsstellung zurück.
Machen Sie insgesamt zehn Kreise nach rechts, anschließend zehn nach links. Wenn Sie die Übung korrekt ausführen, müßten Sie anschließend etwas tiefer atmen.

Abb. 9

3. Stehen Sie aufrecht, die Arme sind nach vorne ausgestreckt (Abb. 10). Drehen Sie den Oberkörper nun langsam nach rechts, ohne dabei die Hüften zu bewegen (Abb. 11). Drehen Sie den Oberkörper als nächstes nach links, und schauen Sie in die Richtung, in die Sie sich bewegen. Wiederholen Sie die Rechts-Links-Bewegungen jeweils zehnmal.

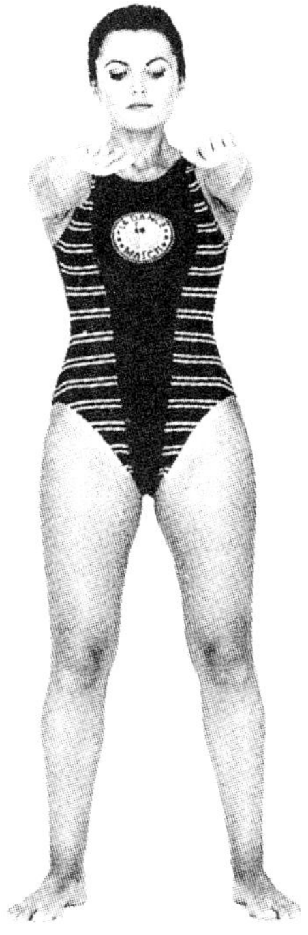

Abb. 10

Abb. 11

4. Stehen Sie leicht nach vorn gebeugt, die Hände liegen auf den Oberschenkeln, die Knie sind leicht nach vorn gedrückt. (Abb. 12).

Abb. 12

Bewegen Sie nun mit einer rhythmischen Bewegung zuerst Ihr rechtes Knie, die rechte Hüfte und die rechte Schulter nach vorn (Abb. 13), dann die linke Seite (Abb. 14). Die Füße müssen dabei fest am Boden bleiben. Wiederholen Sie beide Bewegungen jeweils zehnmal.

Abb. 13

Abb. 14

5. Stehen Sie aufrecht mit leicht gebeugten Knien. Lassen Sie erst das rechte Bein nach vorn schwingen, dann das linke (Abb. 15). Bewegen Sie sich, als würden Sie mit Riesenschritten marschieren, und wiederholen Sie die Übung mit jedem Bein zehnmal.

Abb. 15

Eins: Das Aufrollen

Schwierigkeitsstufe 1
Legen Sie sich auf den Rücken, die Beine sind angewinkelt und leicht gespreizt, die Füße sind fest am Boden. Atmen Sie ruhig und gleichmäßig. Führen Sie den «Beckenschub» aus (Abb. 16). Konzentrieren Sie sich während der gesamten Übung auf den Beckenschub und auf die Bauchgegend.

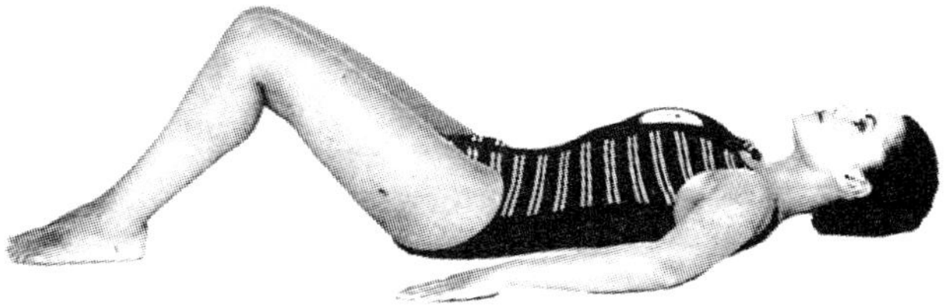

Abb. 16

Nun heben Sie den Kopf, Nacken und Arme langsam vom Boden (Abb. 17). Halten Sie diese Stellung und zählen Sie bis fünf. Dann gleiten Sie langsam zum Boden zurück. Wiederholen Sie die Übung zehnmal, anschließend erfolgt einmal «Knieanziehen».

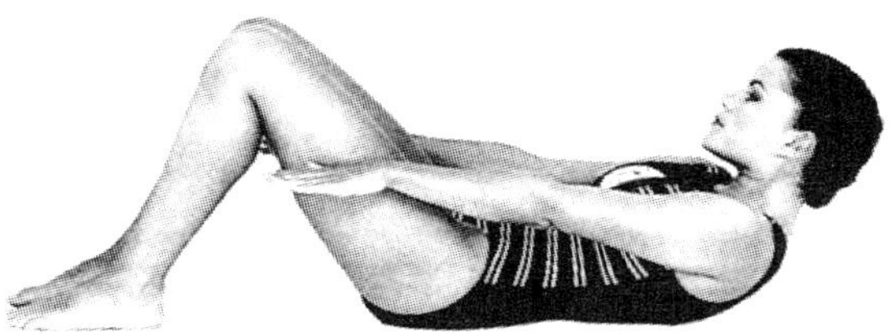

Abb. 17

Wichtig: Heben Sie zuerst den Kopf und erst dann den Nacken, um Verspannungen im Nacken vorzubeugen – der Nacken darf den Kopf nicht hochziehen. Am einfachsten ist das, wenn Sie ein kleines Kissen zu Hilfe nehmen. Ihre Muskeln werden von Mal zu Mal kräftiger, möglicherweise können Sie den Kopf schon sehr bald hochziehen. Damit erreichen Sie jedoch nichts, denn bei dieser Bewegung werden die Muskeln in Unter- und Oberbauch während der ersten Zentimeter am stärksten beansprucht. Versuchen Sie auch nicht, Arme, Hände oder Beine zur Unterstützung einzusetzen, um sich aufzurichten. Während der gesamten Übung sollten Ihre Beine ruhig und entspannt bleiben.

Schwierigkeitsstufe 2
Wie Stufe 1, dabei jedoch die Arme über der Brust verschränken (Abb. 18).

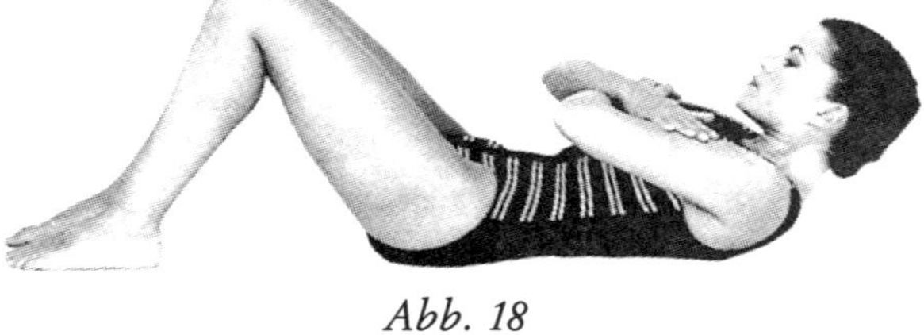

Abb. 18

Schwierigkeitsstufe 3
Wie Stufe 1, dabei jedoch die Hände auf die Ohren oder oben auf den Kopf (niemals auf den Hinterkopf) pressen und die Ellbogen weit zur Seite strecken (Abb. 19).

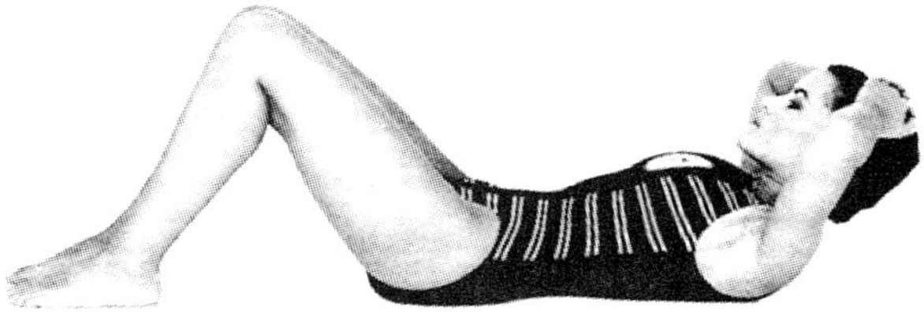

Abb. 19

Zwei: Die Seitenrolle

Schwierigkeitsstufe 1
Legen Sie sich auf den Boden, die Beine sind angewinkelt, die Arme sind parallel zum Körper (Abb. 20). Führen Sie den «Beckenschub» aus.

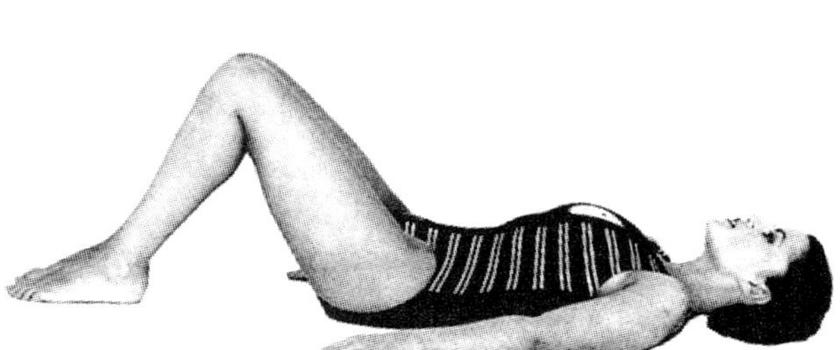

Abb. 20

Heben Sie nun langsam den rechten Arm, und führen Sie ihn über den Körper in Richtung der linken Hüfte. Strekken Sie sich so weit, daß die Hand den Boden berührt, und zwar so weit wie möglich neben der Hüfte (Abb. 21). Dabei sollten sich Ihre rechte Schulter und Ihr rechter Oberkörper vom Boden heben, die Hüften müssen jedoch fest auf dem Boden bleiben. Halten Sie diese Stellung, und zählen Sie bis zwei. Gleiten Sie langsam in die Ausgangsstellung zurück, wiederholen Sie die gesamte Übung zehnmal. Anschließend kommt die rechte Seite an die Reihe, dann erfolgt ein «Knieanziehen».

Abb. 21

Wichtig: Führen Sie die Bewegung ganz langsam und konzentriert aus. Es macht nichts, wenn Sie beim erstenmal nicht weit kommen, aber strengen Sie sich an. Versuchen Sie nicht, sich mit dem «freien» Arm aufzustützen, denn die gesamte Kraft für diese Bewegung sollte von Ihren Bauch- und Taillenmuskeln kommen, und zwar jeweils von der Seite, die Sie gerade hochheben.

Schwierigkeitsstufe 2
Legen Sie sich nun auf die linke Hüfte. Das rechte Bein ist so weit über das linke gekreuzt, daß der rechte Fuß den Boden berührt. Heben Sie die Arme zunächst hoch, dann nach rechts, und heben Sie dabei auch den Kopf vom Boden (Abb. 22). Halten Sie diese Stellung, und zählen Sie bis fünf. Gleiten Sie in die Ausgangsstellung zurück, und wiederholen Sie die gesamte Übung zehnmal. Dann kommt die andere Seite an die Reihe.

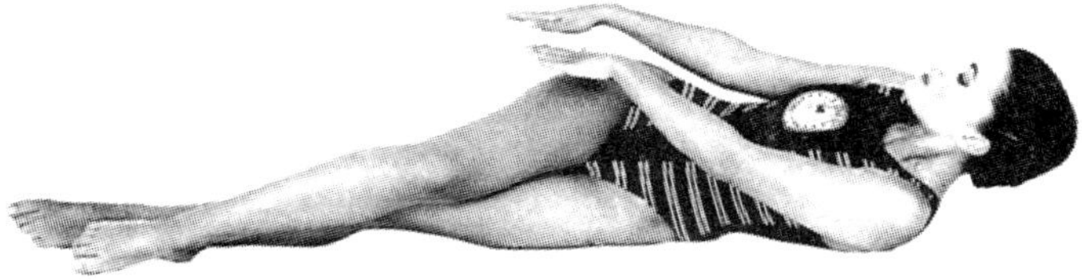

Abb. 22

Schwierigkeitsstufe 3
Wie Stufe 2, doch diesmal heben Sie den Oberkörper so weit an, daß die Schultern den Boden nicht mehr berühren. Zählen Sie in dieser Position bis fünf (Abb. 23), und führen Sie die Übung rechts und links jeweils zehnmal aus.

Abb. 23

Drei: Die Sitzwaage

Schwierigkeitsstufe 1
Setzen Sie sich auf den Boden. Die Beine sind angewinkelt, der Rücken ist gerade, das Becken vorgeschoben. Strecken Sie die Arme waagerecht nach vorn aus (Abb. 24).

Abb. 24

Nun bewegen Sie den Oberkörper ganz langsam nach hinten, bis Rücken und Fußboden etwa einen 45-Grad-Winkel bilden (Abb. 25). Zählen Sie in dieser Stellung bis fünfzehn, dann kehren Sie in die Ausgangsposition zurück. Wiederholen Sie die gesamte Übung fünfmal, anschließend legen Sie sich auf den Boden und vollführen ein «Knieanziehen».

Abb. 25

Wichtig: Diese Übung ist ausgesprochen wirkungsvoll für den unteren Bauchbereich, allerdings nur dann, wenn Sie auch wirklich langsam und bewußt ausgeführt wird. Wenn es Ihnen beim erstenmal nicht gelingt, den Rücken weit genug nach hinten zu bewegen, oder wenn Sie diese Position nicht lange genug halten können, bewegen Sie sich einfach nur so weit zurück, daß Sie noch in der Lage sind, bis fünfzehn zu zählen. Wenn Sie sehr schlank sind und bei der Rückwärtsbewegung Schmerzen am Steißbein verspüren, nehmen Sie einfach ein dickeres Handtuch als Unterlage.

Schwierigkeitsstufe 2
Bewegen Sie den Oberkörper noch ein Stück weiter nach hinten als bei Stufe 1, und zählen Sie dann bis 25 (Abb. 26). Anschließend ziehen Sie den Oberkörper langsam in die Ausgangsstellung zurück. Diese Aufwärtsbewegung ist ebenfalls sehr wirkungsvoll und sollte deshalb konzentriert durchgeführt werden.

Abb. 26

Schwierigkeitsstufe 3
Bewegen Sie den Oberkörper diesmal so weit nach hinten, daß Sie den Boden berühren (Abb. 27). Nehmen Sie die Arme zur Hilfe, um anschließend wieder in die Ausgangsposition zurückzukommen.

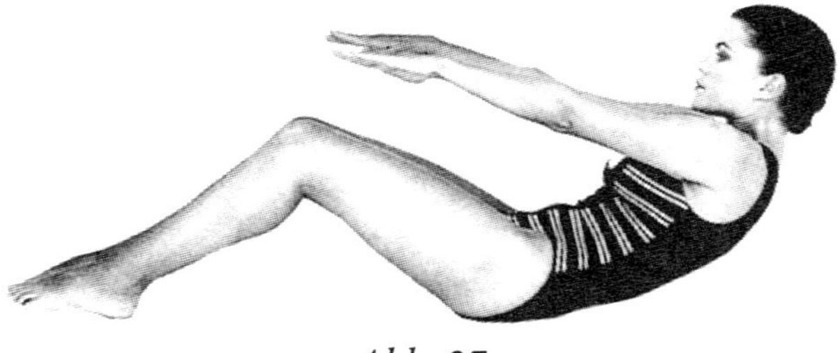

Abb. 27

Vier: Der Hüftschwung

Schwierigkeitsstufe 1
Auch diese Übung trainiert den unteren Teil Ihres Bauches, der sich allen Schlankheitsbemühungen am hartnäckigsten widersetzt. Sobald Sie den Bewegungsablauf einmal verstanden haben, wird er Ihnen ganz einfach erscheinen. Legen Sie sich auf den Rücken, die Knie sind angewinkelt, die Arme liegen parallel zum Körper. Heben Sie zunächst ein Bein, dann das andere, und überkreuzen Sie beide Beine in der Luft (Abb. 28).

Abb. 28

Schieben Sie das Becken vor, und halten Sie es in dieser Position. Heben Sie nun die Hüfte vom Boden, und senken Sie sie wieder – in einer gleichmäßigen, fließenden Bewegung (Abb. 29).

Abb. 29

Wiederholen Sie diese Übung zehnmal, legen Sie die Beine auf den Boden, und führen Sie ein «Knieanziehen» aus. Danach wiederholen Sie die gesamte Übung weitere zehnmal.

Wichtig: Versuchen Sie nicht, die Knie zu verklammern. Achten Sie darauf, daß die Beine senkrecht in die Luft zeigen. Nehmen Sie auf gar keinen Fall die Arme zu Hilfe, um damit die Hüften hochzudrücken. Die ganze Kraft für diese Bewegung sollte aus dem Bauch kommen.

Schwierigkeitsstufe 2
Verschränken Sie die Arme vor dem Bauch, ohne daß die Ellbogen den Boden berühren (Abb. 30). Führen Sie die gleiche Übung aus wie bei Stufe 1.

Abb. 30

Abb. 31

Schwierigkeitsstufe 3
Strecken Sie die Arme aus, bis die Hände die Knie berühren. Heben Sie den Kopf leicht vom Boden (Abb. 31). Führen Sie die gleiche Bewegung aus wie bei Stufe 1.

Fünf: Der Diagonalschwung

Schwierigkeitsstufe 1
Legen Sie sich auf den Rücken, stemmen Sie die Füße gegen die Wand, die Beine sind im 90-Grad-Winkel angezogen. Drücken Sie die Hände gegen die Ohren, die Ellbogen zeigen nach außen. Machen Sie den «Beckenschub» (Abb. 32).

Abb. 32

Heben Sie dann den rechten Arm und die rechte Schulter diagonal über Ihren Körper, und ziehen Sie gleichzeitig das linke Knie zum Ellbogen (Abb. 33).

Abb. 33

Kehren Sie in die Ausgangsstellung zurück, und wiederholen Sie dieselbe Übung mit dem linken Arm und der linken Schulter. Vollführen Sie diese «Radfahrbewegung» auf jeder Seite zehnmal. Dann erfolgt ein «Knieanziehen».

Wichtig: Die Ellbogen müssen nach außen zeigen, denn nur dann ist diese Übung auch wirklich effektiv. Achten Sie auf den «Beckenschub»!

Schwierigkeitsstufe 2
Dieselbe Ausgangsposition wie bei Stufe 1. Diesmal bleiben die Füße jedoch fest gegen die Wand gedrückt, während der rechte Ellbogen das linke Knie berührt (Abb. 34). Bewegen Sie den Oberkörper langsam nach hinten zurück, dann kommt die andere Seite an die Reihe. Jeweils zehnmal wiederholen.

Abb. 34

Schwierigkeitsstufe 3
Ausgangsposition wie bei Stufe 1. Halten Sie die Füße gegen die Wand gedrückt, ziehen Sie die rechte Schulter und den rechten Arm hoch, und versuchen Sie, mit dem rechten Ellbogen neben Ihrem Oberkörper den Boden zu berühren (Abb.35).

Abb. 35

Sechs: Die Klammer

Schwierigkeitsstufe 1
Für diese Übung benötigen Sie einen stabilen Stuhl. Setzen Sie sich auf den Boden, legen Sie die Füße auf die Stuhlkante, die Hände stützen Sie zu beiden Seiten des Oberkörpers leicht ab. Versuchen Sie jedoch, möglichst wenig Gewicht auf die Hände zu stützen. Machen Sie den «Beckenschub» (Abb. 36).

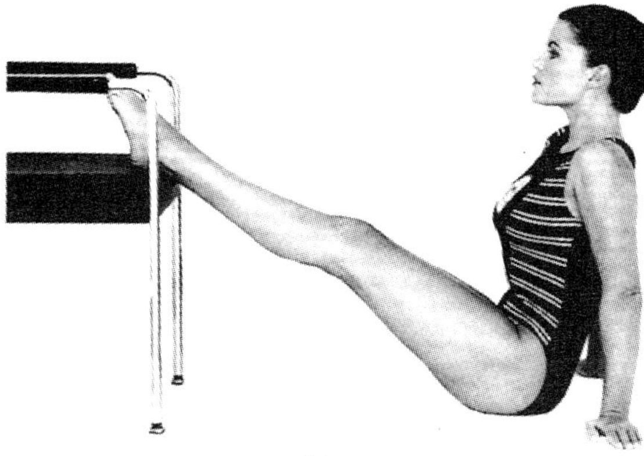

Abb. 36

Atmen Sie aus, und heben Sie dabei die Hände vom Boden. Strecken Sie sie so weit nach vorn, daß Sie die Fußgelenke berühren. Halten Sie das Gleichgewicht, indem Sie die Bauchmuskeln anspannen (Abb. 37). Zählen Sie bis zwei, und kehren Sie in die Ausgangsstellung zurück. Die gesamte Übung zehnmal wiederholen, anschließend auf den Boden legen und ein «Knieanziehen» durchführen.

Abb. 37

Wichtig: Der Stuhl sollte für diese Übung unbedingt die richtige Höhe haben. Spannen Sie die Bauchmuskeln an, um den Rücken aufrecht zu halten und nicht das Gleichgewicht zu verlieren. Je besser Sie diese Übung beherrschen, desto weniger sollten Sie ihre Hände dazu brauchen.

Schwierigkeitsstufe 2
Legen Sie sich diesmal auf den Boden, die Füße liegen auf der Stuhlkante wie zuvor (Abb. 38).

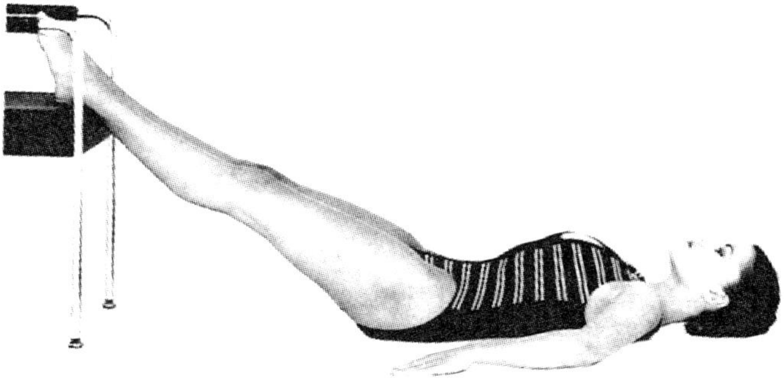

Abb. 38

Heben Sie langsam den Oberkörper, bis Sie mit den Händen die Fußgelenke berühren (Abb. 39).

Abb. 39

Schwierigkeitsstufe 3
Jetzt wird es wirklich schwierig! So schwierig, daß Sie diese Übung möglicherweise auch nach Ablauf der fünfzehn Tage noch nicht beherrschen. Legen Sie sich auf den Boden, die Beine sind angewinkelt. Strecken Sie erst das eine, dann das andere Bein in die Luft, bis Beine und Boden einen 45-Grad-Winkel bilden. Halten Sie den «Bekkenschub». Atmen Sie aus, strecken Sie dabei die Arme parallel zu den Beinen aus, und bewegen Sie den ganzen Oberkörper in einer langsamen und fließenden Bewegung in Richtung Füße (Abb. 40). Zählen Sie in dieser Stellung bis drei, dann lassen Sie Oberkörper und Beine langsam sinken. Wiederholen Sie die gesamte Übung fünfmal. Wenn Sie sie vollkommen beherrschen, können Sie die Haltephase auf zehn oder sogar fünfzehn Sekunden verlängern.

Abb. 40

Sieben: Die Beinstreckung

Knien Sie sich auf den Boden, die Hände sind vor dem Körper aufgestützt, der Rücken bildet eine waagerechte Linie. Führen Sie den «Beckenschub» aus, damit der Rükken auch wirklich gerade ist (Abb. 41).

Abb. 41

Dann heben Sie langsam und konzentriert das rechte Bein und strecken es nach hinten aus. Achten Sie darauf, daß Sie dabei nicht in der Hüfte einknicken: Der Rücken muß unbedingt gerade bleiben (Abb. 42). Kneifen Sie die Pobakken zusammen, und zählen Sie bis zwanzig. Dann lassen Sie das Bein wieder langsam nach unten sinken. Nachdem Sie diese Übung mit dem linken Bein wiederholt haben, machen Sie zur Entspannung einen runden Katzenbuckel.

Abb. 42

Acht: Kobra mit ihrem Jungen

Diese Übung basiert auf Yoga-Stellungen. Es gibt keine Wiederholungen, Sie müssen nur bestimmte Körperstellungen eine Weile einhalten und eine Bewegung in die nächste fließen lassen. So kräftigen Sie Ihren Rücken und dehnen Bauch- und Brustbereich.

Legen Sie sich auf den Boden, die Unterarme sind vor dem Körper aufgestützt. Zählen Sie in dieser Stellung bis dreißig. Halten Sie dabei den Kopf aufrecht und die Augen offen, und atmen Sie gleichmäßig (Abb. 43).

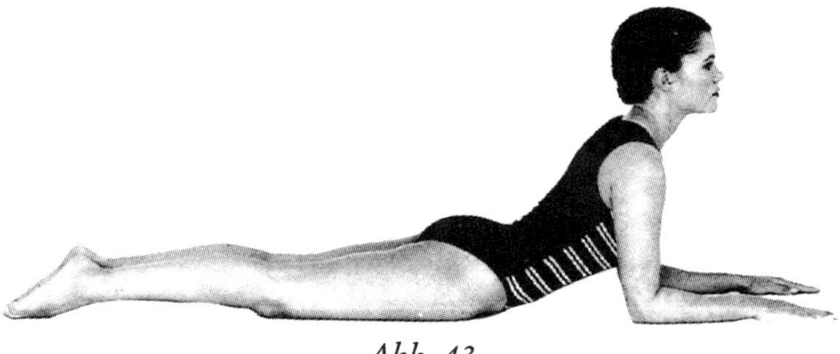

Abb. 43

Dann lassen Sie den Oberkörper wieder zu Boden sinken. Entspannen Sie sich. Anschließend stützen Sie die Hände unterhalb der Schultern auf den Boden. Drücken Sie den Oberkörper hoch, bis die Arme gestreckt sind. Auch hierbei müssen Sie den Kopf aufrecht halten, nur die Hände und Beine haben Bodenkontakt (Abb. 44).

Abb. 44

Danach schieben Sie langsam den Po nach hinten. Hände und Knie bleiben dabei auf dem Boden, der Kopf «rutscht» mit nach hinten. Wenn Arme und Rücken sich in einem 45-Grad-Winkel zum Boden befinden, halten Sie diese Stellung eine Weile, und zählen Sie dabei bis zwanzig (Abb. 45).

Abb. 45

Anschließend schieben Sie den Po weiter nach hinten, wobei Sie die Arme mitziehen, bis Sie auf den Fersen sitzen (Abb. 46). Zählen Sie in dieser Stellung bis zwanzig. In der letzten Phase der Übung sollten Sie ein deutliches Ziehen im Rücken verspüren.

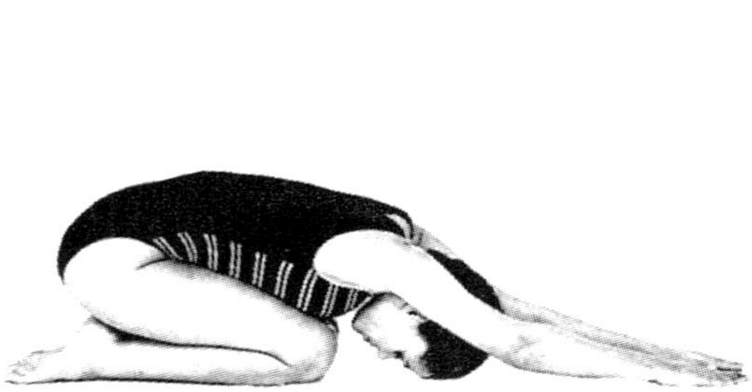

Abb. 46

Neun: Der Skifahrer

Diese Übung heißt deshalb «Skifahrer», weil sie am Ende die Haltung eines Skifahrers beim Abfahrtsrennen einnehmen. Setzen Sie sich auf einen Stuhl, der Oberkörper ist nach vorn gebeugt und ruht zwischen den Beinen, die Arme hängen locker zur Seite herab. Entspannen Sie sich in dieser Stellung etwa zwanzig Sekunden lang (Abb. 47).

Abb. 47

Pressen Sie nun die Hände gegen die Ohren, und strecken Sie die Ellbogen nach außen. Ziehen Sie sich unter Zuhilfenahme der Rückenmuskeln hoch, bis Oberschenkel und Oberkörper ungefähr einen 45-Grad-Winkel bilden (Abb. 48). Zählen Sie in dieser Haltung bis zwanzig. Dann lassen Sie den Oberkörper sinken und wiederholen die gesamte Übung.

Abb. 48

Zehn: Der Ausfallschritt

Bei dieser Übung vollführen Sie einen Ausfallschritt wie ein Degenfechter. Stellen Sie sich hin wie auf Abbildung 49. Das rechte Bein ist so weit wie möglich nach hinten gestreckt, das linke ist nach vorn angewinkelt. Die linke Hand liegt auf dem linken Knie. Federn Sie jetzt zwanzigmal leicht auf und ab, und dehnen Sie dabei die Leistengegend. Dieselbe Übung auf der anderen Seite wiederholen. Wenn Sie anfangs bei dieser Übung ein wenig Halt brauchen, dürfen Sie sich seitlich mit der freien Hand an einer Stuhllehne festhalten.

Abb. 49

Die Abkühlphase

Die lange Körperstreckung
Legen Sie sich auf den Rücken, die Beine sind angewinkelt. Heben Sie beide Arme langsam über den Kopf, bis die Fingerspitzen hinter dem Kopf den Boden berühren. Der Nacken sollte dabei so gerade wie möglich sein, am besten bitten Sie eine zweite Person, darauf zu achten, daß der Abstand zwischen Nacken und Boden möglichst gering ist. Sorgen Sie dafür, daß Ihr Kinn sich nicht hinter den Armen herbewegt und daß Sie während der ganzen Zeit den «Beckenschub» einhalten. Bleiben Sie eine Minute ausgestreckt liegen, atmen Sie ein wenig tiefer als gewöhnlich. Sie spüren, daß Ihr gesamter Oberkörper gedehnt ist: Schultern, Arme, Rippen und Bauch (Abb. 50).

Abb. 50

Dann versuchen Sie, mit schlängelnden Hüftbewegungen noch länger zu werden. Anschließend strecken Sie langsam erst ein Bein aus, dann das zweite, bis sie flach auf dem Boden liegen. Bleiben Sie mindestens vier Minuten so liegen, entspannt und dennoch gestreckt mit eingezogenem Bauch (Abb. 51).

Abb. 51

Springen Sie am Ende der Abkühlphase auf gar keinen Fall hastig und überstürzt auf. Richten Sie sich langsam auf, indem Sie sich zunächst auf die Seite rollen und dann mit den Armen hochdrücken. Ziehen Sie sich ein Sweatshirt oder einen Bademantel über, und entspannen Sie sich noch ein paar Minuten.

Wichtig: Wenn Sie in Nacken-, Schulter- und Rückenbereich besonders untrainiert sind oder sehr runde Schultern haben, fällt es Ihnen möglicherweise schwer, die Arme hinter dem Kopf zu halten, ohne daß sich Bauch oder auch Hüften vom Boden heben. Geben Sie sich trotzdem alle Mühe. Sie werden sehen, bald sind Ihre Bauchmuskeln so kräftig, daß Ihnen die Übung keinerlei Schwierigkeiten mehr bereitet.

Positive Verstärkung

Inzwischen ernähren Sie sich also anhand des Bauch-weg-Programms und machen täglich Ihre Gymnastikübungen. Allein das wird Ihre Figur wunderbar in Form bringen.

Sie können jedoch noch viel mehr für Ihren Bauch tun, indem Sie einige Ihrer Lebensgewohnheiten ändern. In diesem Kapitel erkläre ich Ihnen genau, wie Sie die Wirkung des Ernährungs- und Gymnastikprogramms zusätzlich steigern können, und zwar mit minimalem Zeitaufwand. Außerdem erfahren Sie, was Sie in Ihrem Streben nach einem flachen Bauch auf jeden Fall *vermeiden* sollten, um sich Zeit, Geld und Enttäuschungen zu ersparen.

Körperhaltung

Es ist nicht nur für Ihren Bauch, sondern für Ihren gesamten Körper wichtig, daß Sie lernen, korrekt zu stehen, zu sitzen und sich zu bewegen – alles das also, was zu einer sogenannten «guten Haltung» gehört. «Gute Haltung», das ist ein so gewichtiger Ausdruck, der unwillkürlich Erinnerungen an den Sportunterricht oder die Tanzschule weckt. Ganz unbehaglich könnte einem zumute werden, doch Sie können den stocksteifen Rücken, das Buch auf dem Kopf und alles, was man Ihnen damals sonst noch beigebracht hat, getrost vergessen. Denn gute Haltung bedeutet lediglich: Bewegen Sie sich so, daß Sie sich gut fühlen, gut aussehen und von Schmerzen und Spannungen an Gelenken und Muskeln verschont bleiben.

Gesunde, neugeborene Babys haben gewöhnlich noch keinen Haltungsschaden. Eine schlechte Körperhaltung ist uns also nicht angeboren, wir haben sie uns angewöhnt, oft von frühester Kindheit an. Im Erwachsenenalter kommt uns das *falsche* Sitzen, Stehen und Gehen schließlich ganz *natürlich* vor. Erst wenn wir unseren formlosen, ungelenkigen Körper im Spiegel betrachten oder uns wundern, wieso Nacken, Schultern und Rücken so sehr schmerzen, merken wir, daß irgend etwas nicht in Ordnung sein kann.

Haltungsschäden führen häufig in einen regelrechten Teufelskreis. Wenn wir jahrelang schief gestanden haben, sind bestimmte Muskeln häufig sehr stark gedehnt, während sich andere verkürzt haben. Da Muskeln niemals isoliert funktionieren, passen sich bald auch andere Körperteile an die neuen Bedingungen an – und schon haben wir ein weiteres Problem. So geht es dann immer weiter.

Der häufigste Haltungsschaden besteht darin, beim Stehen, Gehen oder Sitzen das Becken übertrieben weit vorzuschieben und den Rücken extrem nach hinten zu krümmen (Abb. 52). Dies führt nicht nur zu einem herausgestreckten Bauch, sondern außerdem zu Rückenschmerzen, Schmerzen an Hüfte und Achillessehnen, zu Verkürzungen der Brustmuskulatur und zu einer unnatürlichen Kopfhaltung.

Wenn Sie sich nun vornehmen, künftig auf Ihre Haltung zu achten, bedarf dies allerdings mehr als nur des guten Vorsatzes: Sie müssen sich ganz bewußt darum bemühen, Ihrer Muskulatur wieder ihre ursprüngliche Form zurückzugeben. Dazu sollten Sie nicht nur ein spezielles Übungsprogramm absolvieren, sondern sich vor allem die alten Fehler abgewöhnen. Bemühen Sie sich von nun an wirklich jeden Tag um korrekte Bewegungen.

Neben dem Bauch-weg-Programm verhelfen Ihnen auch die Hinweise auf den folgenden Seiten zu einer guten Körperhaltung. Sollten Sie jedoch an einem besonders schweren Haltungsschaden leiden, empfehle ich Ihnen zusätzliche Übungen speziell für die betroffenen Körperpartien. Möglicherweise sind Sie extrem ungelenkig, wenn Ihre Haltung sehr schlecht ist – melden Sie sich doch zu einem Yoga- oder Stretching-Kurs an, und machen Sie ein paar kräftigende Gymnastikübungen.

Ebenso wie eine schlechte Haltung in einen Teufelskreis führen kann, können Sie rasche Erfolge erzielen, sobald Sie beginnen, sich um eine korrekte Haltung zu bemühen. Die erworbenen Bauchmuskeln kräftigen den Bauch, dieser kann die Rücken- und Beckenpartie besser unterstützen, so daß Sie bald gerade stehen.

Auch der «Beckenschub» sorgt dafür, daß Sie natürlicher stehen. Sobald Sie gerade stehen, gewöhnt sich Ihr Bauch noch stärker an seine zurückgezogene Position. Die Hüftmuskulatur wird lockerer, wenn Sie den Unterkörper richtig bewegen, die Wirbelsäule bekommt wieder ihre natürliche Krümmung, und die Spannungen in Schulter und Nacken verschwinden.

Drei einfache, aber wirkungsvolle Hinweise sollen Ihnen helfen, diese positive Entwicklung in Gang zu setzen. Befolgen Sie sie nicht nur während des 15tägigen Bauchweg-Programms, sondern auch zukünftig.

1. So stehen Sie korrekt:
Machen Sie jeden Morgen vor dem Anziehen diese einfache Übung, damit Ihnen deutlich wird, was korrektes Stehen eigentlich bedeutet.

Stellen Sie sich mit dem Rücken in einigem Abstand vor eine Wand. Die Arme hängen locker zur Seite herab. Gehen Sie langsam zurück, bis Ihre Fersen etwa zwei Zentimeter von der Wand entfernt sind. Schultern und Po sollten nun eine Linie bilden und die Wand berühren. Falls nicht, stellen Sie sich so hin, daß sie dies tun. Kontrollieren Sie nun Ihren Bauch. Ich wette, Sie haben ihn herausgestreckt. Auch der «Beckenschub» ist nicht richtig ausgeführt, habe ich recht? Ziehen Sie den Po ein, schieben Sie das Becken nach vorn, bis es gerade ist. Die korrekte Haltung haben Sie erst dann erreicht, wenn Ihr Bauch wie durch ein Wunder verschwindet (Abb. 53).

Achten Sie außerdem darauf, daß Ihr Kinn nicht zu stark vorgestreckt ist und daß Ihre Schultern nicht verkrampft, sondern ganz entspannt sind. Wenn Sie extrem runde Schultern haben, bedarf es möglicherweise einiger zusätzlicher Lockerungsübungen für die Arme und den oberen Teil des Rückens, ehe Ihre Haltung wirklich perfekt ist.

Bleiben Sie eine Minute so stehen, und machen Sie sich mit dieser Haltung vertraut. Achten Sie ganz bewußt darauf, wie sie sich anfühlt, denn sie soll Ihnen im Laufe der Zeit in Fleisch und Blut übergehen. Üben Sie auch, in dieser Haltung zu gehen. Machen Sie ein paar Schritte durch das Zimmer, überprüfen Sie dabei immer wieder, ob Sie Ihren Körper auch wirklich gerade halten. Danach nehmen Sie erneut die Ausgangsposition vor der Wand ein.

Strecken Sie als nächstes die Arme zur Seite aus, und heben Sie sie über den Kopf (Abb. 54). Gelingt es Ihnen, oberhalb Ihres Kopfes die Wand zu berühren? Wenn Sie diese Übung jeden Morgen machen, tun Sie eine Menge für die Schlankheit Ihrer Taille.

Abb. 52

Abb. 53

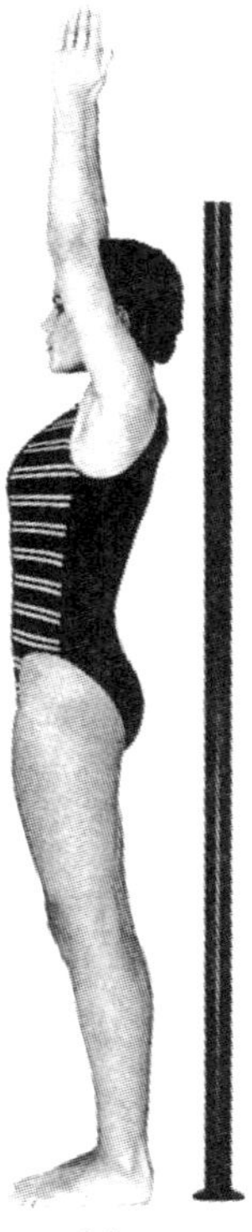

Abb. 54

Eines sollten Sie bei all Ihren Bemühungen niemals vergessen: Am Anfang erscheint es Ihnen sicher ungewohnt, korrekt zu stehen. Das liegt jedoch nur daran, daß die «richtigen» Muskeln nicht genügend trainiert sind. Üben Sie regelmäßig, dann erhalten Sie bald wieder Ihre ursprüngliche Funktion zurück.

Und noch eins: Richtiges Stehen trainiert die Muskeln des gesamten Körpers *und* verhilft Ihnen zu einem flachen Bauch.

Wiederholen Sie die «Wandübung» jeden Morgen, und trainieren Sie auch während des Tages, damit Ihnen immer wieder bewußt wird, wie Sie stehen.

Übrigens ist das ständige Tragen hochhackiger Schuhe Ihrer Haltung nicht sehr zuträglich, weil der gesamte Körper dabei immer leicht noch vorne geneigt ist. Reservieren Sie Ihre Stöckelschuhe deshalb wirklich nur für besondere Gelegenheiten.

2. So sitzen Sie richtig:

Wie sitzen Sie im Moment, während Sie dieses Buch lesen? Falls Sie in einem Sessel sitzen: Ist Ihr ganzer Rücken fest gegen das Polster gedrückt, oder sind Sie in sich zusammengesunken? Wenn Sie an einem Tisch sitzen: Haben Sie sich über das Buch gebeugt und womöglich auch noch die Beine übereinandergeschlagen?

Beide Sitzhaltungen verstärken Ihren vorstehenden Bauch und Ihre taillenlose Figur, und Sie sitzen wahrscheinlich schon *seit Jahren* so.

Manche Stühle fordern geradezu zu einer mangelhaften Sitzhaltung auf. Wenn Sie also häufig am Schreibtisch sitzen, sollten Sie sich unbedingt einen guten Stuhl anschaffen, der Ihren Rücken vernünftig stützt.

Korrekt sitzen tun Sie dann, wenn Sie gerade auf dem Stuhl sitzen und das Becken so angewinkelt ist, daß Ihr Bauch nicht vorsteht. Schlagen Sie die Beine nicht übereinander, halten Sie das Buch beim Lesen hoch, bewegen Sie sich nicht dem Buch entgegen.

Wenn Sie oft und lange sitzen müssen, beugt eine korrekte Haltung Schulter- und Nackenverspannungen vor. Hilfreich ist auch ein gelegentliches Armkreisen und Armheben (strecken Sie dabei erst den einen, dann den anderen Arm zur Decke).

Beim Fernsehen sollten Sie sich von Zeit zu Zeit auf den Boden legen und den Körper dehnen oder einen «Beckenschub» ausführen. Auch das hilft garantiert gegen schmerzhafte Verspannungen!

3. Seien Sie aufmerksam!

Eine korrekte Haltung bedarf zunächst ständiger Kontrolle. Deshalb sollten Sie sich immer wieder auf sie konzentrieren. Sehen Sie sich an, wenn Sie an einer Schaufensterscheibe oder an einem Spiegel vorbeigehen. Achten Sie auf Ihre Haltung, wenn Sie wartend in einer Schlange stehen. Führen Sie den «Beckenschub» aus, lockern Sie die Schultern. Mit der Zeit werden Sie sich an Ihre neue Haltung gewöhnen, bis sie Ihnen absolut selbstverständlich geworden ist.

Zusätzliches Bauchmuskeltraining

Wenn Sie Ihr tägliches Übungsprogramm durch einige zusätzliche kräftigende Bewegungen ergänzen, werden Sie noch bessere und vor allem raschere Erfolge erzielen.

Sitzen Sie nicht nur herum! Während Sie am Schreibtisch sitzen oder fernsehen, ja sogar in der U-Bahn können Sie die Zeit für ein zusätzliches Bauchmuskeltraining nutzen. Es gibt eine ganz einfache Übung, für die Sie nicht länger als eine Minute benötigen. Egal, wie beschäftigt Sie sind, die Zeit findet sich sicher immer.

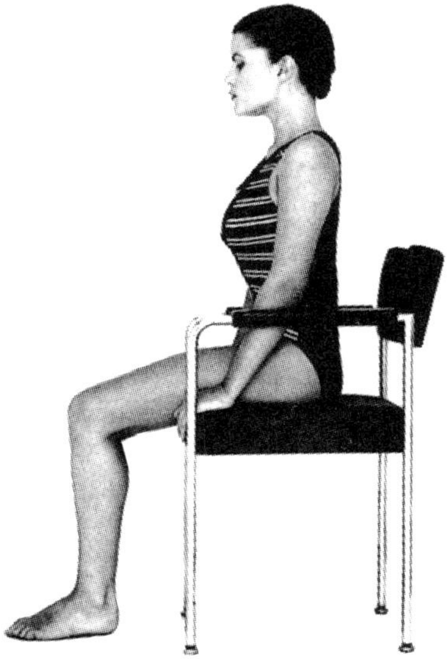

Abb. 55

Setzen Sie sich auf den Stuhl (wenn Sie am Schreibtisch sitzen, schieben Sie den Stuhl zunächst ein Stück zurück, bis Sie die Beine ungehindert bewegen können). Nun umfassen Sie mit den Händen die Stuhlkante zu beiden Seiten der Oberschenkel (Abb.55), und heben Sie die Knie an die Brust. Achten Sie darauf, daß die Bauchmuskeln belastet werden, während Sie die Beine anziehen (Abb. 56), üben Sie keinen allzu starken Druck auf die Hände aus. Zählen Sie in dieser Position bis fünf, dann lassen Sie die Beine langsam sinken. Wiederholen Sie die gesamte Bewegung so oft wie möglich.

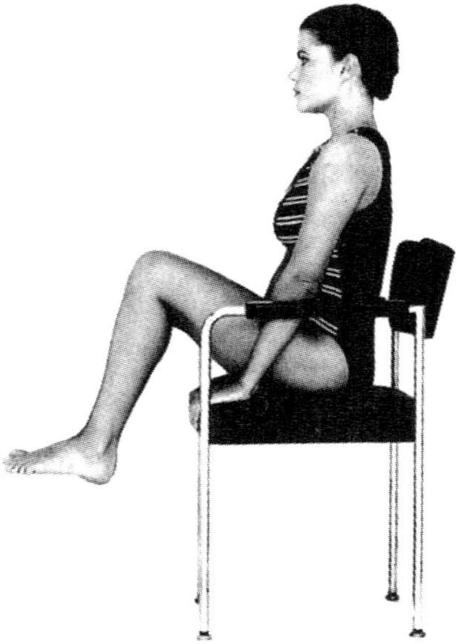

Abb. 56

Weiterhin können Sie viel für Ihren Bauch tun, wenn Sie regelmäßig statt der Arme die Bauchmuskeln benutzen, um sich von einem Stuhl zu erheben oder sich in einen Sessel zu setzen. Sie müssen nur beim Hinsetzen und Aufstehen konsequent daran denken, die Arme nicht zu belasten. Sie finden, das klingt einfach? Probieren Sie es aus, Sie werden sich wundern.

Zum Schluß noch ein Rat: Bewegen Sie sich so viel Sie können, treiben Sie häufig Sport. Viele Sportarten und Freizeitbeschäftigungen trainieren die Bauchmuskeln. Ideal ist zum Beispiel Wandern, insbesondere Bergwandern. Es verhilft Ihnen nicht nur zu einem flachen Bauch, sondern auch zu einem straffen Po und zu wohlgeformten Beinen.

Auch Schwimmen ist eine wunderbare Sportart. Es macht Ihren Körper gelenkig, kräftigt den Rücken und verbessert die Haltung. Brustschwimmen ist ideal für Hüfte und Schultern und für den Bauch. Kraulen ist besonders gut für Beine und Po. Doch ganz gleich, welchen Schwimmstil Sie bevorzugen, sofern Sie regelmäßig schwimmen, werden Sie sich rundum fit fühlen und mit einem straffen, gelenkigen Körper belohnt.

Tanzen, Joggen und Turnen gehören gleichfalls zu den empfehlenswerten Sportarten. Sollten Sie jedoch nicht mehr ganz jung sein, würde ich Ihnen von akrobatischen Turnübungen abraten.

Für welche Sportart Sie sich auch entscheiden, suchen Sie sich auf jeden Fall etwas aus, was Ihnen auch wirklich Spaß macht. Sonst werden Sie sicher nicht lange durchhalten.

Überlegen Sie es sich gut, ehe ...

Trimmgeräte für den Bauch – gleich welcher Art – gehören zu den Rennern der Sportartikelindustrie. Angeboten werden die unterschiedlichsten Modelle: Geräte, auf denen man sitzt und zieht, solche, auf denen man sitzt und drückt, wieder andere, bei denen man sich kniet und zieht ... eigentlich gibt es nichts, was es nicht gibt. Und ich wette, auch Sie haben schon mit dem Gedanken gespielt, sich eins dieser Wunderdinger anzuschaffen. Doch halten die Geräte wirklich, was sie versprechen?

Vermutlich nicht. Wenn Sie mein Bauchprogramm befolgen, haben Sie ohnehin keine Trimmgeräte mehr nötig. Einige können sogar schädlich sein für den Rücken, jene Geräte etwa, die man über den Fußboden rollt. Andere trainieren die falschen Muskeln, da sie die Bauchmuskeln nicht «isolieren».

Wenn Ihr Bauch Ihnen schon lange Kummer bereitet, haben Sie möglicherweise auch sehr radikale Maßnahmen in Erwägung gezogen, einen chirurgischen Eingriff auf einer Schönheitsfarm etwa, von dem Sie sich eine endgültige Lösung aller Probleme erhoffen. Vielleicht haben Sie auch schon von Männern oder Frauen gelesen, die sich das Fett am Bauch haben erfolgreich absaugen lassen. Doch wie ich bereits im 1. Kapitel erläutert habe, sind Bauchprobleme in den seltensten Fällen auf überschüssiges Fett zurückzuführen, es sei denn, Sie sind am ganzen Körper zu dick. Und wenn Sie am ganzen Körper zu dick sind, hilft Ihnen eine Bauchoperation auf keinen Fall. Also ist eine solche Maßnahme sicher nicht geeignet, und ich rate Ihnen dringend davon ab.

Möglicherweise haben Sie auch schon von Eingriffen gehört, bei denen lose Haut vom Bauch entfernt wird.

Normalerweise wird dieser Eingriff bei Menschen durchgeführt, die jahrelang an sehr starkem Übergewicht litten und deren Haut sämtliche Spannung verloren hat.

Ich bin der Meinung, daß Sie sich nur dann zu einer solchen Operation entschließen sollten, wenn wirklich alle anderen Versuche, d. h. Diäten, Gymnastikübungen usw. erfolglos waren. Auf jeden Fall sollten Sie sich zunächst von einem Arzt beraten lassen, ehe Sie sich in eine Schönheitsklinik begeben.

Unsere Haut ist wesentlich elastischer, als Sie annehmen; denken Sie nur daran, welch starken Dehnungen sie bei einer Schwangerschaft ausgesetzt wird. Auch unsere Bauchmuskulatur ist sehr, sehr anpassungsfähig. Sie nimmt die stärksten Belastungen und Vernachlässigungen hin und kann trotzdem immer wieder ihre ursprüngliche Form annehmen – mit so einfachen und risikolosen Mitteln wie vernünftiger Ernährung, Gymnastik und korrekter Bewegung. Ganz bestimmt!

Kleider machen Figur

Jetzt haben Sie sich also mit Hilfe meines Ernährungsprogramms, der Gymnastikübungen und der vielen anderen Tips endlich den flachen Bauch und die schlanke Taille erarbeitet, von der Sie immer geträumt haben.

Vielleicht ist Ihr Körper nun sogar perfekt, aber ehrlich gestanden, ich bezweifle das. Denn nur ganz wenige Frauen haben eine wirklich makellose Figur, und das gilt auch für Sportlerinnen, Schönheitsköniginnen, Schauspielerinnen und Models. Wie oft habe ich Fotomodelle im Fernsehen gesehen, die zwar beneidenswert lange Beine, Schwanenhälse und schmale Hüften hatten, dafür aber überhaupt keine Taille. Und die eigentlich nur deshalb so attraktiv waren, weil sie gelernt hatten, das Beste aus sich und ihrem Körper zu machen.

Und genau das möchte ich auch Ihnen beibringen. Ein großes Stück nähergekommen sind Sie dem Ziel bereits, indem Sie das Bauch-weg-Programm befolgt haben. Doch Sie können noch mehr für sich und Ihr Aussehen tun, einfach indem Sie lernen, Ihre neuerworbene Figur ins rechte Licht zu rücken. Eine wichtige Rolle spielt hierbei die Art und Weise, in der Sie sich kleiden, deshalb gebe ich Ihnen auf den folgenden Seiten Anregungen zu diesem Thema.

Sicher haben Sie bereits selbst die Erfahrung gemacht, daß Sie in manchen Kleidern, Röcken und Hosen eine überwältigende Figur machen. Andere beeinflussen Ihr

Aussehen nicht wesentlich, während wieder andere Sie garantiert dicker, plumper und runder erscheinen lassen, als Sie es eigentlich sind.

Nicht nur der Stil und somit die Schnitte Ihrer Kleidung spielen für Ihr Aussehen eine wichtige Rolle, sondern auch die Stoffe, Farben und Accessoires, die Sie tragen.

Übrigens, auch wenn Sie tatsächlich zu den wenigen, beneidenswerten Frauen mit einer makellosen Figur gehören sollten: Lesen Sie die folgenden Tips trotzdem! Vielleicht können Sie tatsächlich fast alles tragen, ohne ganz und gar unförmig darin auszusehen, doch das bedeutet noch lange nicht, daß Sie das auch tun sollten.

Sie können Ihrem Körper zusätzlich schmeicheln, wenn Sie die folgenden Anregungen beachten (übrigens: Männer finden interessante Tips zu diesem Thema im 9. Kapitel).

Vor dem Einkaufsbummel

Ehe Sie auch nur erwägen, sich in die Nähe einer Boutique zu begeben, um sich ein neues Kleidungsstück zu kaufen, sollten Sie sich die folgenden drei Grundsätze ganz fest einprägen. Nur so bewahren Sie sich davor, verhängnisvolle Fehler zu begehen, die sowohl Ihr Selbstbewußtsein als auch Ihr Bankkonto schädigen könnten.

1. Seien Sie absolut ehrlich zu sich selbst!

Machen Sie sich klar, welches die Vorzüge und welches die Schwächen Ihres Körpers sind. Schöne Schultern, ein wohlgeformter Busen, hübsche Arme, eine Traumtaille, ein knackiger Po, lange Beine, schlanke Fesseln verbuchen

Sie als Pluspunkte. Auf das Negativkonto gehören ein kurzer Hals, stämmige Hüften oder unattraktive Beine. Erstellen Sie eine Liste, auf der Sie alle diese Punkte genau verzeichnen, und nehmen Sie sich fest vor, von nun an nur noch Kleidungsstücke zu kaufen, die die Vorzüge Ihres Körpers unterstreichen und seine Schwächen vertuschen.

2. Orientieren Sie sich an Schnitten, nicht an der neuesten Mode!

Wenn Sie die Tips beherzigen, die ich Ihnen in diesem Kapitel gebe, können Sie sich leicht eine Garderobe zusammenstellen, die wirklich zu Ihnen paßt. Wenn Sie nach Kleidungsstücken suchen, sollten Sie sich immer *als erstes* an den Schnitten orientieren, die Ihnen stehen, und erst dann (und nur dann) an dem, was gerade modern ist. Paßt etwas, das im Moment gerade »in« ist, nicht hundertprozentig zu Ihnen, kaufen Sie es nicht. Unterwerfen Sie sich bloß keinem Modediktat!

Wenn Sie Wert legen auf gute, qualitätvolle Kleidung, ist es ohnehin reine Geldverschwendung, etwas Topmodisches zu kaufen, das in zwei oder drei Monaten schon wieder passé ist. Was haben Sie denn davon? Als Studentin oder Teenager können Sie sich preiswerte, witzige Mode kaufen, aber auch dann sollten Sie sich als erstes überlegen, wie diese Kleidung an *Ihnen* aussieht. Für alle anderen Frauen gibt es einen viel besseren Trick, um immer up to date zu sein: Kaufen Sie sich schicke Accessoires. Mit ausgefallenem Schmuck, modischen Schuhen, Gürteln, Hüten, Tüchern oder Handtaschen können Sie jedes Kleidungsstück hervorragend aufpeppen, ohne daß es Sie ein Vermögen kostet.

Verlassen Sie sich nur auf Ihr eigenes Urteil!
Sobald Sie wissen, was Ihnen steht und wonach Sie beim Einkaufsbummel suchen sollten, lassen Sie sich bloß von niemandem zu etwas überreden, was Sie eigentlich gar nicht wollen oder von dem Sie genau wissen, daß es nicht zu Ihnen paßt.

Merken Sie sich eins: Verkäuferinnen sind zum Verkaufen angestellt, egal, wie hilfsbereit und freundlich sie sein mögen. Sie verfolgen deshalb naturgemäß völlig andere Interessen als Sie selbst. Und was Freundinnen, Töchter, Ehemänner, Mütter betrifft: Garantiert haben Sie alle ganz unterschiedliche Vorstellungen davon, wie Sie aussehen und sich kleiden sollten. Und sicher fragen sie sich schon eine Weile ungeduldig, wie lange Sie wohl noch brauchen werden, ehe Sie mit Ihren Einkäufen fertig sind, und ob es nicht wirklich langsam Zeit fürs Mittagessen ist.

Sie müssen also lernen, sich ganz allein auf Ihren eigenen Geschmack zu verlassen, denn *niemand* interessiert sich mehr für Sie als Sie selbst, und *niemand* kennt Ihren Geschmack besser als Sie selbst. Die folgenden Tips sollen Ihnen helfen, die richtigen Entscheidungen für *Sie selbst* zu treffen:

- Gehen Sie alleine einkaufen.
- Suchen Sie sich Geschäfte aus, in denen Sie ungestört herumstöbern können, in denen Sie aber auch sofort eine Verkäuferin finden, die Ihnen behutsam weiterhilft, wenn Sie es wünschen.
- Nehmen Sie sich viel Zeit.
- Machen Sie keinen Einkaufsbummel, wenn Sie nicht in der Stimmung dazu sind.
- Versuchen Sie niemals, auf die letzte Minute etwas für einen bestimmten Anlaß, z. B. eine Party, zu kaufen.

Das ist günstig für Sie – das ist ungünstig für Sie

Nun wissen Sie, warum unbedingt Sie selbst das letzte Wort haben sollten, wenn es um Ihr Äußeres geht. Auf den nächsten Seiten möchte ich Ihnen noch ein paar weitere Tips geben. Sie erfahren, welche Schnitte, Materialien, Farben, Muster und Accessoires Ihren Bauch und Ihre ganze Figur ins beste Licht rücken. Außerdem lernen Sie, welche Kleidung grundsätzlich dick macht und deshalb ungünstig für Sie ist.

Natürlich kann ich hier nur ungefähre Richtlinien geben, die vor allem für Frauen gelten, deren Problemzone der Bereich um Bauch und Taille ist. Auf Frauen mit ganz anderen Figurenproblemen, runden Hüften etwa oder mit stämmigen Beinen, und auf besonders kleine oder große Frauen treffen möglicherweise nicht alle Tips zu.

Materialien

Günstig:

Leinen, Baumwolle, Gabardine, Schurwolle, Wolle-Polyester-Mischungen; hochwertige Acrylstoffe, Seide und Jersey bei Kostümen, Kleidern, Jacken, Mänteln. Halten Sie bei Hosen Ausschau nach: Körperstoff, Baumwolle, Jeans, Schurwolle, Crêpe de Chine.

Ungünstig:

Materialen, die ausbeulen und hängen, vor allem Strickstoffe (bei Kleidern und Zweiteilern) und Chiffon. Extrem feste Stoffe wie Segeltuch oder Gobelin. Stark glänzende Stoffe wie Satin. Besonders schwere Stoffe wie Bouclé, dicke Strickstoffe, Breitcord, Frottee.

Farben

Wählen Sie ausschließlich Farben, die zu Ihrem Hautton, zu Ihrer Haarfarbe und zu Ihrem Typ passen. Das ist viel wichtiger, als lange darüber nachzugrübeln, welche Farben besonders schmeichelhaft wirken und welche nicht. Egal welche Figur Sie haben, Sie können fast alle Farben tragen, wenn sie nur zu Ihnen passen und richtig kombiniert werden.

Schwarz: Schwarz zählt zu den schlankmachenden Farben. Aber da Sie ja inzwischen rank und schlank sind, haben Sie es eigentlich nicht mehr nötig, auf diese Farbe zurückzugreifen, es sei denn, sie gehört zu Ihren Lieblingsfarben. In diesem Fall sollten Sie Schwarz unbedingt mit etwas Buntem bzw. mit Weiß oder Gold kombinieren, damit es nicht gar so düster aussieht. Bei der Gelegenheit möchte ich Ihnen einen Trick verraten, der Ihnen zu einer noch schmaleren Taille verhilft: Kaufen Sie ein schwarzes Kleid (oder Kostüm, Badeanzug, Bodystocking) mit einem hellen Einsatz in der Mitte. Wenn dieser Einsatz zusätzlich nach unten spitz zuläuft, um so besser!

Weiß: Auch wenn viele Leute Ihnen davon abraten, Weiß zu tragen, lassen Sie sich davon nicht beeindrucken. Wenn das entsprechende Kleidungsstück gut geschnitten ist und aus einem nicht zu enganliegenden, fließenden Material besteht, kann Weiß sehr vorteilhaft aussehen. Vor allem, wenn Sie zusätzlich auf den einen oder anderen schlankmachenden Effekt achten, etwa auf einen tiefen V-Ausschnitt in einer kontrastreichen, dunklen Farbe. Allerdings sollten Sie tatsächlich einen großen Bogen um weiße Kleidung machen, wenn Sie sehr blaß sind. In diesem Fall stehen Ihnen Elfenbein oder Creme viel besser.

Leuchtende Farben: Klare, leuchtende Farben können

Ihre Figur hervorragend zur Geltung bringen, vorausgesetzt, sie passen zu Ihrem Typ.
Gedeckte Farben: Sie machen zwar schlank, sind aber leider auch ein bißchen langweilig. Richtig gut wirken gedeckte Farben eigentlich nur an Frauen mit rotem, blondem oder silbergrauem Haar.
Gold, Silber: Um Kleidungsstücke aus Gold- oder Silberlamé, bzw. Lurex zu tragen, die ja häufig auch sehr enggeschnitten sind, sollten Sie schon eine wirklich gute Figur haben. Denn: Alles, was glänzt, macht dick. Seien Sie also lieber vorsichtig!

Dessins
Gemusterte Materialien können sehr hübsch sein – sofern sie gut verarbeitet sind und richtig getragen werden.
Durchgehend gemusterte Stoffe: Wenn Sie sich für ein Kleid oder Kostüm aus einem durchgehend gemusterten Material entscheiden, achten Sie darauf, daß die Größe des Musters zu Ihrer Körpergröße paßt. Kleine, zierliche Frauen sollten großgemusterte Stoffe unbedingt meiden. Große Frauen können fast alle Dessins tragen, doch auch sie sollten einige wesentliche Grundsätze beachten: Große Karos und Querstreifen machen garantiert dick, während senkrecht verlaufende Streifen, Pepitamuster oder helle Tupfen auf dunklem Untergrund zu den Schlankmachern gehören.
Kombinationen aus gemusterten und einfarbigen Stoffen: Hier sollten Sie sich vor allem eines merken: Der Teil Ihres Körpers, an dem Sie das gemusterte Kleidungsstück tragen, fällt auf! Lenken Sie den Blick auf die Vorzüge Ihres Körpers, indem Sie dort gemusterte Stoffe einsetzen, während Sie mit Hilfe unifarbener Stoffe von ungünstigen

Körperpartien ablenken sollten. Wenn Ihre Taille schlanker wirken soll, tragen Sie auf keinen Fall ein unifarbenes Kleid mit einem gemusterten Mittelteil oder einem gemusterten Gürtel! Wenn Sie extrem schmal sind, empfehle ich Ihnen eine gemusterte Bluse, die Sie in einen unifarbenen Rock stecken – tragen Sie unter keinen Umständen einen gemusterten Pullover, der bis zur Hüfte reicht, oder einen gemusterten Rock mit einer einfarbigen Bluse.

Schnitte und Accessoires

Kleider, Röcke, Kostüme

Günstige Schnitte:

Leichte Schulterpolster, die Ihre Taille schmaler erscheinen lassen

Gutsitzende, geradegeschnittene, schlichte Kleider

A-Linien

Bügelfalten, eingenähte Falten, die von der Hüfte herabfallen

Hosenröcke

Wickelröcke und -kleider, leicht ausgestellt

Falls Sie lange, schlanke Beine haben: Kleider und Röcke, die nach unten hin schmaler werden. Tragen Sie zu Rock oder Kleid einen schmalen Gürtel, wenn Sie eine schlanke Taille haben.

Günstige Accessoires:

Dunkle Gürtel mit auffälliger Schnalle

Lockerfallende Gürtel

Tragen Sie zu Röcken möglichst Gürtel, die sich farblich dem Oberteil und nicht dem Rock anpassen.

Ungünstige Schnitte:
Alles Geraffte (z. B. Dirndl). Wenn Sie nicht wirklich sehr, sehr schlank sind, sollten sie alle gerafften Schnitte meiden.
Glockenröcke, es sei denn, Sie haben eine perfekte Taille
Keilförmige Röcke
Falten, die lose von der Taille herabfallen
Enge Schnitte. In einem lockergeschnittenen Kleid aus hochwertigem Material wirken Sie garantiert schlanker als eingezwängt in ein enges Kleidungsstück.
Unstrukturierte Zweiteiler mit Gürtel
Kurze, enge Ärmel
Ärmel, die auf Hüfthöhe enden
Geradegeschnittene Röcke, es sei denn, Sie haben eine schmale Taille und schöne Beine.

Oberteile
Günstig:
U-Boot-Ausschnitte, große Kragen, Schalkragen, Kapuzenkragen, schmale Revers, tiefe V-Ausschnitte
Leichte Schulterpolster, Schulterpassen
Eingesetzte Ärmel, Fledermausärmel
Gutgeschnittene Blusen sind günstiger als weite und unförmige.
Leicht ausgestellte (nicht geraffte), volantbesetzte Blusen machen eine schmale Taille. Ungünstig bei breiten Hüften und Hinterteilen.
Ungünstig:
Zur Taille gerichtete Kragenenden, runde Ausschnitte
Geraffte Volantblusen
Kasack mit Gürtel, unförmige Pullover und Sweatshirts
Enge Ärmel, Puffärmel

Hosen, Shorts und andere Beinbekleidung

Günstige Schnitte:
Leggings zu langen, weichfließenden Pullovern oder T-Shirts
Jeans, geradegeschnitten oder mit leichten Bundfalten und schmalgeschnittenen Beinen. Dazu schmale Gürtel.
Overalls mit weiten Ärmeln und einem schmalen Gürtel

Günstige Accessoires:
Hosen sehen mit hochhackigen Stiefeln immer gut aus. Stecken Sie die Hose in die Stiefel.

Ungünstige Schnitte:
Hosen mit elastischem oder gerafftem Bund, Reithosen, weite Pluderhosen, extrem schmal zulaufende Beine (vor allem wenn Sie stämmige Hüften und Beine haben).
Alle Hosen, die oberhalb der Knöchel enden – besonders ungünstig bei sehr weiten Beinen, alle engen Hosenbunde, Frotteeanzüge, Strickhosen

Mäntel und Jacken

Günstig:
Gute Schnitte, Einreiher, hüftlange Jacken, kragenlose Jacken über Mieder-Oberteilen

Ungünstig:
Capes, Pelzmäntel oder Kunstfellmäntel, karierte Jacken, Mäntel mit engen Gürteln (»Morgenmantel-Look«)
Kurze, kastenförmige Chanel-Jacken, es sei denn, Sie haben eine schlanke Taille, schmale Hüften und einen schönen Po.

Bade- und Strandbekleidung
Günstig:
Einteiler aus dehnbarem Material mit möglichst hohem Lycra-Anteil, leicht vorgeformte Körbchen, helle Einsätze in der Mitte, Streifen, die nach unten keilförmig zulaufen, hoch ausgeschnittene Beine, Sportanzüge mit V-Ausschnitt, Anzüge mit V-förmigen Schnitten

Accessoires:
Breitkrempige Sonnenhüte, die von runden Hüften und Oberschenkeln ablenken, große Sonnenbrillen für denselben Effekt
Pareos
Sandalen mit Keilabsätzen
Eine zarte Sonnenbräune

Ungünstig:
Bikinis – unbedingt meiden, es sei denn, Sie haben eine wirklich perfekte Figur, Zweiteiler im 20er-Jahre-Stil, trägerlose Bandeau-Oberteile, Badeanzüge aus Frottee, Metallic-Appreturen, reine Baumwolle, tiefe Ausschnitte an den Seiten

Während und nach der Schwangerschaft

Die Geburt eines Babys führt besonders häufig dazu, daß eine Frau ihre Figur verliert, nicht nur während der Schwangerschaft und in den ersten Wochen danach – sondern für immer. Nur eine von drei Müttern schafft es, ihrem Körper nach der Schwangerschaft wieder die Form zu geben, die er zuvor hatte. Und bei einem zweiten, dritten oder vierten Kind ist dieses Verhältnis noch ungünstiger.

Doch das muß keinesfalls so sein! Mutter werden und danach wieder eine gute Figur machen – das schließt sich nicht automatisch aus. Weder beim ersten Baby noch bei den folgenden.

Denn wenn Sie die Ratschläge befolgen, die ich Ihnen in diesem Kapitel gebe, werden Sie nicht nur mit einem straffen flachen Bauch gleich nach der Geburt belohnt – Sie fühlen sich während der Schwangerschaft besonders gesund und fit.

Das ganze Erfolgsgeheimnis besteht darin, daß Sie während der Schwangerschaft Ihr Gewicht genau kontrollieren und Ihre Bauchmuskeln trainieren. Und für die Zeit nach der Geburt empfehle ich Ihnen ein spezielles Ernährungsprogramm und eine Rückführgymnastik.

ACHTUNG: Dieses Kapitel ist nur für Frauen gedacht, die bald schwanger werden wollen, schwanger sind oder ihr Baby noch stillen. Wenn Sie bereits größere Kinder haben, befolgen Sie einfach die Ernährungs- und Gymnastikprogramme, die in den vorhergehenden Kapiteln erläutert wurden.

Wenn Sie sich ein Baby wünschen

Wenn Sie vorhaben, bald schwanger zu werden, sollten Sie dafür sorgen, daß Ihr Körper zum Zeitpunkt der Empfängnis so fit und gesund wie möglich ist. Befolgen Sie das normale Bauch-weg-Ernährungsprogramm und die Gymnastikübungen, wenn Sie kein Gewicht verlieren wollen. Wenn Sie jedoch gern ein paar Pfunde abnehmen möchten, sollten sie das unbedingt tun, *ehe* Sie schwanger werden. Während der Schwangerschaft ist eine Hungerkur und der damit verbundene Fettverlust nicht ungefährlich und nur unter ärztlicher Aufsicht ratsam. Wenn Sie also vorher noch Gewicht verlieren wollen, halten Sie sich an die kalorienreduzierte Version des Bauch-weg-Programms. Sie ist im 3. Kapitel beschrieben. Von dem Moment jedoch, an dem Sie erfahren, daß Sie ein Baby erwarten, lesen und beachten sie die folgenden Hinweise.

Wenn Sie schwanger sind

Wenn Sie ein Baby erwarten, ist das von mir entwickelte Prinzip der Positiv-Neutral-Negativ-Ernährung in vielerlei Hinsicht ideal für Sie. Trotzdem sollten Sie das Programm leicht abändern, denn die Ernährung schwangerer Frauen muß einige zusätzliche Bedingungen erfüllen. Im folgenden erkläre ich Ihnen ganz genau welche.

Die Ernährung während der Schwangerschaft

Voraussetzung für ein gesundes Baby – und eine gesunde Mutter – ist eine ausgewogene, vielseitige Ernährung. Sie sollte hauptsächlich aus unverfeinerten Lebensmitteln, Obst und Gemüse bestehen und reich sein an Eiweiß, Eisen und Kalzium. Alle diese Nährstoffe stellt Ihnen das Bauch-weg-Programm in ausreichender Menge zur Verfügung.

Eiweiß: Schwangere Frauen haben einen erhöhten Eiweißbedarf, er liegt bei etwa 100 g am Tag. Wenn Sie sich nach dem Bauch-weg-Programm ernähren, erhöhen Sie die tägliche Milchration einfach auf 1/2 Liter, oder essen Sie statt dessen zusätzlich zwei kleine Becher Joghurt. Andere Eiweißquellen sind mageres Fleisch, Geflügel, fettarmer Käse und Eier.

Eisen und Vitamin C: Während der Schwangerschaft leiden viele Frauen an Blutarmut. In dieser Zeit zirkuliert sehr viel mehr Blut durch den Körper als gewöhnlich, was zu einem erhöhten Eisenbedarf führt. Als Eisenspender gelten Leber und andere Innereien, mageres rotes Fleisch, Eier sowie grüne Salat- und Gemüsesorten.

Vitamin C unterstützt Ihren Körper bei der Eisenaufnahme, deshalb sollten Sie Vitamin-C-haltige Speisen und Getränke möglichst häufig mit eisenhaltigen zusammen zu sich nehmen. Manche Nahrungsmittel, z. B. Brokkoli, enthalten sowohl Eisen als auch Vitamin C und sind deshalb besonders zu empfehlen. Übrigens hat Vitamin C noch eine weitere positive Eigenschaft: Es hält Ihr Zahnfleisch während der Schwangerschaft gesund.

Kalzium: Schwangere haben einen täglichen Kalziumbedarf von etwa 1200 mg. Das Bauch-weg-Programm ist reich an Kalzium, und wenn Sie zusätzlich die besonders kalziumreichen Rezepte auswählen, wird Ihr Bedarf auf jeden Fall ausreichend gedeckt. Als ideale Kalziumspender gelten Milch, Käse, Joghurt und Blattgemüse.

Zink: Ernährungswissenschaftler und Ärzte raten schwangeren Frauen häufig, verstärkt Zink zu sich zu nehmen. Das Bauch-weg-Programm versorgt Sie auch mit diesem Mineral in ausreichender Menge. Als besonders zinkhaltig gelten z.B. Nüsse, Käse, Sonnenblumenkerne, in Öl eingelegter Fisch und mageres Fleisch.
ACHTUNG: Während der Schwangerschaft sollten Sie Spinat meiden (ungeachtet dessen, was Sie bisher über seinen Eisengehalt gehört haben), außerdem Kakao und Schokolade. Diese Nahrungsmittel enthalten Oxalsäure, die die Mineralverwertung Ihres Körpers beeinträchtigt. Wenn Sie also das Bauch-weg-Programm befolgen, essen Sie statt des Spinats jeweils die alternativ vorgeschlagene Gemüsesorte. (13. Tag, Hauptmahlzeit; 14. Tag, Hauptmahlzeit; 15. Tag, Mittagessen)

Salz: Während der Schwangerschaft speichert der Körper mehr Flüssigkeit als gewöhnlich. Um auch weiterhin das richtige Verhältnis von Salz und Wasser zu bewahren, müssen Sie die Salzzufuhr möglicherweise leicht erhöhen, etwa indem Sie etwas mehr Salz beim Kochen verwenden. Trotzdem rate ich Ihnen von einer stark salzhaltigen Ernährung ab. Ihr Körper könnte sonst zuviel Flüssigkeit binden, und Sie fühlen sich dann unwohl.

Das Bauch-weg-Programm verhilft Ihnen auch deshalb zu einer gesunden Schwangerschaft, weil es wenig

Zucker und gesättigte Fette enthält. Außerdem müssen Sie viel Wasser trinken, und das hilft gegen Verdauungsstörungen, an denen viele Schwangere leiden. Als letztes schließlich nehmen Sie bei den einzelnen Mahlzeiten nur geringe Mengen zu sich – das beste Mittel gegen Übelkeit zu Beginn und Verdauungsprobleme am Ende der Schwangerschaft.

Essen für Zwei

Es gibt überhaupt keinen Anlaß, in den ersten fünf Monaten einer Schwangerschaft mehr zu essen als gewöhnlich – es sei denn, Sie haben Untergewicht. Halten Sie sich an meine Ernährungstips und ernähren Sie sich *vernünftig!*

Erst in den letzten Schwangerschaftsmonaten erhöht sich Ihr täglicher Kalorienbedarf, und Sie sollten mehr essen. Für durchschnittlich große Frauen reichen zusätzlich 300 Kalorien pro Tag jedoch vollkommen aus. Achten Sie darauf, daß Sie diese Kalorien aus wertvollen Nahrungsmitteln beziehen, die möglichst wenig gesättigte Fette und Zucker enthalten.

Wenn sie zu Beginn Ihrer Schwangerschaft das Bauchweg-Programm befolgt haben, sollten Sie ab dem *fünften* Schwangerschaftsmonat Ihren täglichen Speiseplan *aufstocken*. Wählen Sie zusätzlich täglich jeweils zwei Nahrungsmittel aus Liste 1 und eins aus Liste 2. Außerdem dürfen (und sollten) Sie soviel frisches Obst und Gemüse essen, wie Sie mögen.

Liste 1

- 50 g mageres rotes Fleisch, Leber oder Niere
- 100 g Geflügel oder Fisch
- 15 g Hartkäse
- 1 kleine Portion Hüttenkäse
- 1 großes Ei
- 1 kleiner Joghurt, einfach oder mit Früchten

Liste 2

- 100 g Salz- oder Pellkartoffeln
- 1 große Scheibe Vollwertbrot
- 25 g Frühstücksflocken
- 75 g ungeschälter Reis (Kochgewicht)
- 75 g Vollkornnudeln (Kochgewicht)

Gewichtszunahme während der Schwangerschaft

Es ist auf jeden Fall gefährlich, wenn eine Frau während der Schwangerschaft nicht genügend zunimmt. Deshalb sollten Sie unter keinen Umständen auch nur in Erwägung ziehen, Ihre Figur auf diese Weise in Form zu halten. Sie sollten sich vernünftig ernähren und sich darauf freuen, etwa 10 Kilogramm mehr auf die Waage zu bringen.

Andererseits kann auch eine zu starke Gewichtszunahme problematisch werden. Sie riskieren nicht nur einen hohen Blutdruck, sondern leiden darüber hinaus an Rükkenschmerzen, Müdigkeit und Krampfadern und fühlen sich vor allem in den letzten Schwangerschaftswochen extrem unwohl. Außerdem ist es nach der Geburt um so schwieriger, wieder eine gute Figur zu bekommen, je mehr Sie während der Schwangerschaft zusätzlich zugenommen haben.

Deshalb ist das wichtigste, was Sie schon während der Schwangerschaft für Ihre spätere Figur tun können: Halten Sie Ihr Gewicht unter Kontrolle! Nur dann bleibt Ihnen anschließend ein mühsamer Kampf gegen hartnäkkige Fettpolster erspart. Außerdem verhindern Sie so, daß sich Ihre Haut übermäßig dehnt, und Sie mindern das Risiko, die gefürchteten Schwangerschaftsstreifen zu bekommen.

Wo wir gerade bei Schwangerschaftsstreifen sind: Immer wieder wird diskutiert, ob und wie man sich dagegen schützen kann. Viele Frauen bringen eine oder sogar mehrere Schwangerschaften hinter sich, ohne auch nur einen einzigen Schwangerschaftsstreifen davonzutragen. Einige von ihnen haben ihren Bauch in dieser Zeit ausgiebig behandelt, andere haben das nicht getan. Die Neigung zu Schwangerschaftsstreifen scheint demnach stark von der individuellen Körper- und Hautbeschaffenheit abzuhängen.

Ganz sicher ist jedenfalls, daß man den unliebsamen Streifen zumindest etwas vorbeugen kann, indem man die Gewichtszunahme kontrolliert. Je stärker der Bauch anschwillt, desto stärker dehnt sich auch die Haut und desto wahrscheinlicher sind Schwangerschaftsstreifen.

Viele Frauen schwören darauf, ihren Bauch während der Schwangerschaft täglich mit Öl zu massieren. Sicher hilft das, die Haut weich und geschmeidig zu halten, aber auch hier gilt: Es gibt keinerlei Garantien, daß irgendeine spezielle Creme oder ein Öl Sie vor Schwangerschaftsstreifen schützt. Und noch etwas: Sie müssen kein Vermögen für teure Cremes ausgeben – Babyöl erfüllt diesen Zweck ebensogut.

Wenn Sie sich bemühen, das Risiko der Schwangerschaftsstreifen möglichst gering zu halten, werden Sie feststellen, daß diese auf jeden Fall nach der Geburt rach schwächer werden. Wenn Sie sich zusätzlich in Form halten und Ihre Haut pflegen, werden sie bald kaum noch zu erkennen sein.

Zum Thema Gewichtszunahme während der Schwangerschaft gibt es die unterschiedlichsten Ansichten. Die Empfehlungen, wieviel eine Frau in der Zeit tatsächlich zunehmen sollte, reichen von 9,5 bis 13,5 Kilo. Ich würde sagen, wenn Sie eher zierlich sind, sollten Sie möglichst nicht mehr als 10 Kilo zunehmen. Wenn Sie hingegen groß sind und ein schweres Knochengerüst haben, sind auch 12,5 Kilo noch akzeptabel. Bei einem mittelstarken Körperbau liegen Sie entsprechend mit 11,5 Kilo ganz gut. (Wenn sie Zwillinge erwarten, können Sie natürlich ein paar Pfunde hinzurechnen.)

Wenn Sie deutlich mehr zunehmen, als diese Richtlinien empfehlen, sind die überschüssigen Pfunde mit Sicherheit auf Fettpolster zurückzuführen, die Ihnen nach der Geburt des Babys zu schaffen machen werden. Als Faustregel gilt: In den ersten drei Monaten sollten Sie überhaupt nicht zunehmen, danach etwa 450 g in der Woche oder zwei Kilo im Monat.

Wenn Sie zu Beginn der Schwangerschaft Ihr genaues Gewicht ermitteln, können Sie relativ leicht kontrollieren, wann Sie die Grenzen überschreiten. Eine andere Methode, das Gewicht zu beobachten, besteht darin, den Umfang der Oberschenkel zu messen. Tun Sie dies zu Beginn der Schwangerschaft und dann jeweils einmal pro Monat. Wenn der Umfang Ihrer Oberschenkel deutlich zunimmt, können Sie sicher sein, daß es sich dabei um Fettpolster handelt.

Wenn Sie schon zu Beginn der Schwangerschaft Übergewicht haben, sollten Sie sich von Ihrem Arzt beraten lassen. Unterziehen Sie sich auf keinen Fall einer Hungerkur, solange Sie schwanger sind. Sonst besteht die Gefahr, daß Sie und das ungeborene Baby nicht genügend lebenswichtige Nährstoffe bekommen, von denen oben die Rede war.

Die einzige Schwangerschaftsdiät, von der ich je gehört habe, ist eine 1500-Kalorien-Kur für besonders korpulente Frauen. Bei einer solchen Diät bleibt das Gewicht während der gesamten Schwangerschaft stabil, so daß die Mutter in dieser Zeit etwa zwölf Kilo Fett verliert. Trotzdem möchte ich an dieser Stelle nochmals darauf hinweisen, daß Ihr Arzt darüber entscheiden sollte, ob Sie während der Schwangerschaft eine Abmagerungskur machen.

Gymnastik während der Schwangerschaft

Wenn Sie nach der Geburt Ihres Babys so schnell wie möglich Ihre ursprüngliche Figur zurückhaben möchten, müssen Sie Ihre Bauchmuskeln und den übrigen Körper während der gesamten neun Schwangerschaftsmonate trainieren. Natürlich können Sie nicht verhindern, daß Ihr Bauch während der Schwangerschaft rund wird (wer würde dies auch wollen, schließlich ist jede Schwangere auch ein bißchen stolz auf Ihren «Kugelbauch»). Sie können jedoch die Muskeln kräftig und elastisch halten, so daß sich der Bauch nach der Geburt rasch wieder zurückbildet.

In den letzten Schwangerschaftswochen können das zusätzliche Gewicht und die damit verbundenen Haltungsprobleme sowie die durch die Schwangerschaft geschwächten Sehnen und Bänder zum größten Übel jeder werdenden Mutter führen: Rückenschmerzen. Starke Bauchmuskeln und gezielte gymnastische Übungen können Sie weitgehend davor bewahren.

Aufgrund der hormonellen Veränderungen bei der Schwangeren sowie der bereits erwähnten schlaffen Bänder und Sehnen sollten Sie jedoch einige Gymnastikübungen leicht abändern. Vermeiden sollten Sie sämtliche Sit-up-Varianten mit ausgestreckten Beinen und alle Übungen, bei denen Sie im Liegen beide Beine zugleich heben müssen.

Einige Übungen meines Bauch-weg-Programms sind ziemlich anspruchsvoll. Wenn Sie nicht schon eine Weile regelmäßig trainieren und Ihre Muskeln deshalb bereits gut ausgebildet sind, empfehle ich Ihnen während der Schwangerschaft ein einfacheres Programm. In den letzten drei Schwangerschaftsmonaten sollten Sie *in jedem Fall* nur noch die Übungen machen, die ich auf den folgenden Seiten vorstelle.

1. Eine Variante des Beckenschubs (s. 5. Kapitel)
Diese Übung nenne ich «Beckenhub». Legen Sie sich auf den Boden, die Beine sind angewinkelt, der Kopf ruht auf einem flachen Kissen. Führen Sie nun den Beckenschub aus. (Abb. 57) Kneifen Sie die Pobacken möglichst fest zusammen, halten Sie den Bauch eingezogen, und heben Sie den Po und den unterer Teil des Rückens vom Boden (Abb. 58). Halten Sie diese Stellung, und zählen Sie dabei bis fünf . Dann lassen Sie den Unterkörper wieder zu Boden sinken. Wiederholen Sie diese Übung so oft Sie können.

Abb. 57

Abb. 58

In den letzten Schwangerschaftswochen genügt es, wenn Sie einen einfachen Beckenschub ausführen.

2. *Eine Variate des Knieanziehens* (s. 5. Kapitel)
Sie liegen in der gleichen Stellung wie bei der letzten Übung. Führen Sie den Beckenschub aus. Halten Sie das Becken in dieser Position, und schieben Sie langsam die Füße nach vorn, bis Ihre Beine flach auf dem Boden liegen. Ziehen Sie den linken Fuß wieder zurück zum Körper wie beim «Knieanziehen» (Abb. 59 und 60). In den letzten Schwangerschaftswochen wird es Ihnen wahrscheinlich nicht mehr gelingen, die Knie sehr weit nach hinten zu ziehen.

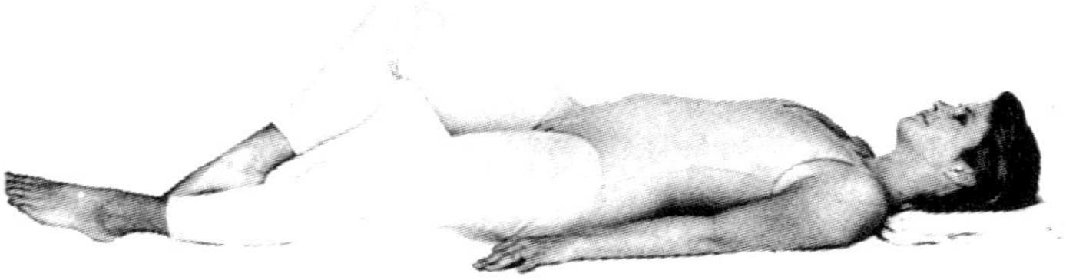

Abb. 59

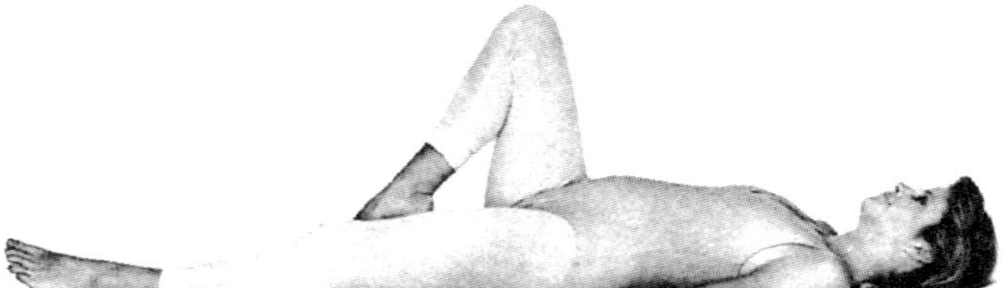

Abb. 60

3. Der Beckenhub, 2. Version

Manchen Frauen wird diese Übung leichterfallen als Übung 1, vor allem gegen Ende der Schwangerschaft. Wenn Sie sich besonders fit fühlen, können Sie auch beide Übungen machen. Sie brauchen einen stabilen Hocker, am besten einen gepolsterten. Legen Sie sich auf den Boden, der Kopf ruht auf einem flachen Kissen, die Arme sind parallel zum Körper ausgestreckt. Legen Sie die Füße auf den Hocker, die Beine bleiben gestreckt. Halten Sie den Beckenschub und spannen Sie Bauch- und Pomuskeln so fest an, wie Sie können (wenn Sie Ihre Bauchmuskeln in den letzten Schwangerschaftswochen nicht mehr spüren, konzentrieren Sie sich auf die Pomuskeln) (Abb. 61). Heben Sie dann den Po vom Boden, zählen Sie bis fünf, dann lassen Sie ihn wieder sinken (Abb. 62). Wiederholen Sie die gesamte Übung nach Möglichkeit fünfmal.

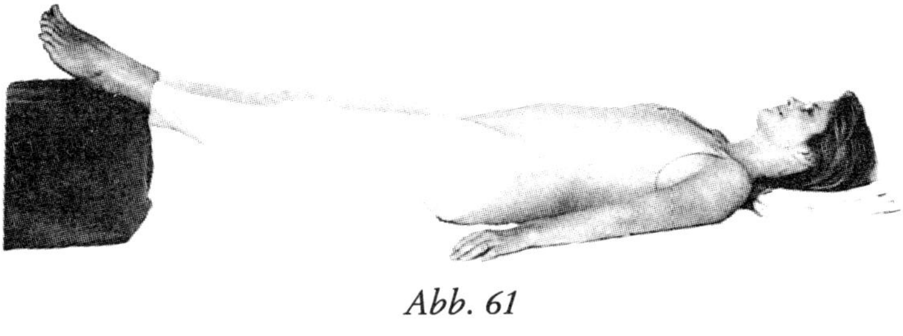

Abb. 61

Abb. 62

Haltung

Eine korrekte Körperhaltung ist während der gesamten Schwangerschaft besonders wichtig. Sie beugen damit nicht nur lästigen Rückenschmerzen vor, sondern kräftigen zugleich Ihre Bauchmuskeln. Lesen Sie also das 6. Kapitel zum Thema «Haltung» noch einmal aufmerksam durch. Wahrscheinlich werden Sie feststellen, daß Sie sich mit dem zunehmenden Gewicht, das auf Ihren Bauchmuskeln lastet, angewöhnen, den Oberkörper zum Ausgleich leicht nach hinten zu neigen. Bemühen Sie sich, dies nicht zu tun. Halten Sie den Teil des Rückens gerade, tragen Sie keine hohen Absätze.

Dehnübungen

Ihre Bänder und Sehnen sind während der Schwangerschaft sehr empfindlich. Dehn- und Streckübungen könnten leicht zu Zerrungen führen, deshalb sollten Sie diese im Moment möglichst meiden. Zur Entspannung könnten Sie jedoch eine halbe Körperstreckung durchführen. Legen Sie sich dazu auf den Boden, der Kopf ruht auf einem flachen Kissen, die Arme sind hinter dem Kopf ausgestreckt. Atmen Sie in dieser Stellung fünf Minuten lang tief und gleichmäßig durch. Wenn es Ihnen sehr schwerfällt, die Arme hinter dem Kopf zu halten, schieben Sie sie zur Seite, bis es Ihnen angenehmer ist.

Alternativ können Sie auch die folgende Übung versuchen: Setzen Sie sich mit dem Rücken gegen eine Wand. Heben Sie erst einen und dann beide Arme über den Kopf, bis Sie die Wand berühren. Halten Sie während der ganzen Übung das Becken gerade gegen die Wand gedrückt (Abb. 63).

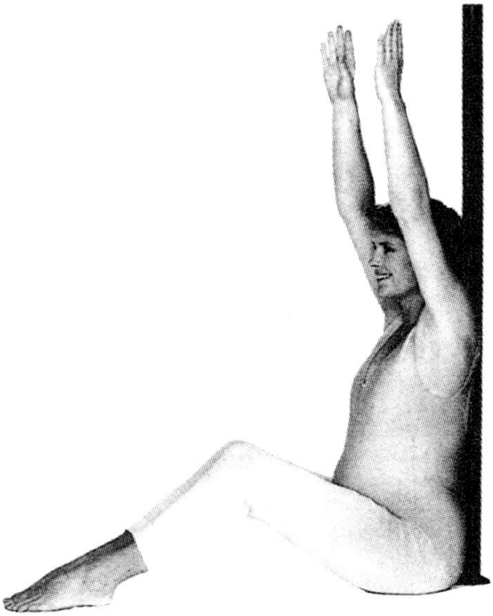

Abb. 63

Sport

Ein wenig Sport jeden Tag schadet sicher nicht – Sie bleiben fit und entlasten Bauch- und Rückenmuskeln. Die ideale Sportart für Schwangere ist Schwimmen, vor allem in den letzten Wochen, denn das Wasser hilft, Ihr zusätzliches Körpergewicht zu tragen. Auch Spaziergänge und kleinere Wanderungen tun Ihnen gut. Gefährliche Sportarten wie Reiten oder Skifahren sollten Sie jedoch in dieser Zeit möglichst meiden. Sport ist übrigens auch ein wirksames Mittel gegen Kreislaufprobleme und Krampfadern.

Achtung: Frauen, bei denen die Schwangerschaft nicht ganz komplikationslos verläuft, sowie Frauen, die zu Fehlgeburten neigen, sollten Ihren Arzt fragen, ehe Sie mit irgendeiner der Gymnastikübungen beginnen.

Nach der Geburt

Ihre Ernährung

Wenn Sie alle Ratschläge in diesem Kapitel befolgt haben, sollten Sie ein oder zwei Wochen nach der Geburt schon wieder Ihr normales Gewicht haben.

Wenn Sie stillen

Es ist auf jeden Fall ratsam, daß Sie Ihr Baby in den ersten Monaten stillen, denn erstens ist es gesund für das Baby, zweitens zieht sich die Gebärmutter (und damit Ihr Bauch) schneller wieder zu ihrer normalen Größe zusammen, und drittens verbraucht Ihr Körper täglich zusätzlich 500 Kalorien. Wenn Sie ein paar Pfunde loswerden möchten, dürfte Ihnen das nicht allzu schwerfallen.

In diesem Fall schlage ich Ihnen vor, das normale, nicht kalorienreduzierte Ernährungsprogramm zu befolgen und um zusätzlich 500 Kalorien aufzustocken. Diese 500 Kalorien sollten vorwiegend aus Eiweißen, Obst, Gemüse und Milchprodukten bestehen. Das Positiv-Neutral-Negativ-

Programm bietet stillenden Müttern genau die richtige Ernährung. Sie müssen nur noch darauf achten, daß Sie ausreichend Flüssigkeit zu sich nehmen.

Hier folgen zwei Beispiele, wie Sie Ihren täglichen Ernährungsplan um 500 Kalorien ergänzen können.

Beispiel 1

300 ml Magermilch

50 g Edamer Käse

1 mittelgroße Scheibe Vollkornbrot mit kalorienreduzierter Butter oder Margarine

15 g Sonnenblumenkerne oder 50 g mageres Hähnchenfleisch

Beispiel 2

1 Fruchtjoghurt

25 g Mandeln oder ungesalzene Erdnüsse

1 kleine Portion Hüttenkäse

3 Roggenkäse mit kalorienreduzierter Butter oder Margarine

Sie können diese Extras entweder als zusätzliche Snacks in Ihren Tagesplan einbauen oder die übrigen Mahlzeiten damit ergänzen.

Eine andere Möglichkeit, den Speiseplan um 500 Kalorien aufzustocken, besteht darin, die einzelnen Portionen des Bauch-weg-Programms entsprechend zu vergrößern. Anhand der Tabelle im 10. Kapitel können Sie den Kaloriengehalt einzelner Nahrungsmittel genau ausrechnen.

Wenn Sie nicht stillen

Befolgen Sie einfach das normale, nicht kalorienreduzierte Programm, wie es im 3. Kapitel beschrieben ist, oder stellen Sie sich einen eigenen Speiseplan mit etwa 2000 Kalorien pro Tag zusammen. Halten Sie sich dabei an die Listen der positiven, neutralen und negativen Nahrungsmittel im 2. Kapitel und an die Kalorientabelle im 10. Kapitel.

Wenn Sie jedoch Übergewicht haben ...

Wenn Sie mehr als nur ein paar Pfunde loswerden wollen, sollten Sie sich an die folgenden Hinweise halten:

Wenn Sie stillen

Befolgen Sie das normale, nicht kalorienreduzierte Ernährungsprogramm im 3. Kapitel, achten Sie jedoch darauf, daß Sie möglichst viel kalorienfreie Getränke sowie die tägliche Milchration und alle sonst angegebenen Getränke zu sich nehmen.

Da das normale Ernährungsprogramm Ihnen nicht die 500 Kalorien zuführt, die Ihr Körper beim Stillen zusätzlich verbraucht, entsteht jede Woche ein Kaloriendefizit von 3500 Kalorien, d. h., Sie müßten pro Woche mindestens ein Pfund abnehmen. Das erscheint Ihnen vielleicht zuwenig, aber solange Sie Ihr Baby stillen, sollten Sie das Hungern wirklich nicht übertreiben.

Sobald Sie Ihr Wunschgewicht erreicht haben, richten Sie sich einfach nach den Ernährungshinweisen für stillende Mütter, die kein Gewicht verlieren möchten.

Wenn Sie nicht stillen

In diesem Fall können Sie das kalorienreduzierte Ernährungsprogramm befolgen, das im 3. Kapitel beschrieben wird. Es bietet Ihnen eine gesunde, ausgewogene Ernährung, bei der Sie täglich etwa 1200 Kalorien zu sich nehmen und ca. ein bis zwei Pfund pro Woche abnehmen (anfangs sogar etwas mehr). Wenn Sie das Programm genau befolgen, wird Ihr Bauch bald flach und straff sein.

So kommen Sie wieder in Form

Wenn die Geburt komplikationslos verlief, können Sie sofort wieder mit einem Gymnastikprogramm beginnen – aber seien Sie anfangs noch vorsichtig. Halten Sie sich an die folgenden Tips, dann haben Sie in zwei bis drei Monaten wieder einen straffen Bauch. Bei manchen Frauen dauert es wahrscheinlich sogar nicht länger als vier bis sechs Wochen!

Am 1. und 2. Tag nach der Geburt

Sie können bereits im Bett mit einem ersten leichten Bauchmuskeltraining beginnen. Am besten geeignet sind hierzu die Schwangerschaftsübungen, die ich zu Anfang dieses Kapitels vorgestellt habe (s. S. 180). Wenn Ihnen diese Übungen noch Schmerzen bereiten sollten, warten Sie noch einen Tag, und versuchen Sie es erneut. Jede Frau müßte jedoch in der Lage sein, ohne größere Probleme einen Beckenschub durchzuführen. Üben Sie, den Bauch einzuziehen, während Sie den Beckenschub machen. Trainieren Sie so oft Sie können!

3. – 7. Tag
Versuchen Sie die folgenden Übungen aus dem 5. Kapitel:
Aufwärmübungen (s. S. 110 ff.)
Beckenschub (s. S. 108)
Übung 1: Das Aufrollen, Stufe 1
Übung 2: Die Seitenrolle, Stufe 1 (s. S. 120 f.)
Zusätzlich sollten Sie die folgende Übung machen: Legen Sie sich auf den Rücken, die Arme parallel zum Körper. Heben Sie nun das rechte Bein über das linke, bis es neben Ihrem linken Bein den Boden (oder das Bett) berührt (Abb. 64). Zählen Sie bis fünf, dann wiederholen Sie die Übung zur anderen Seite.

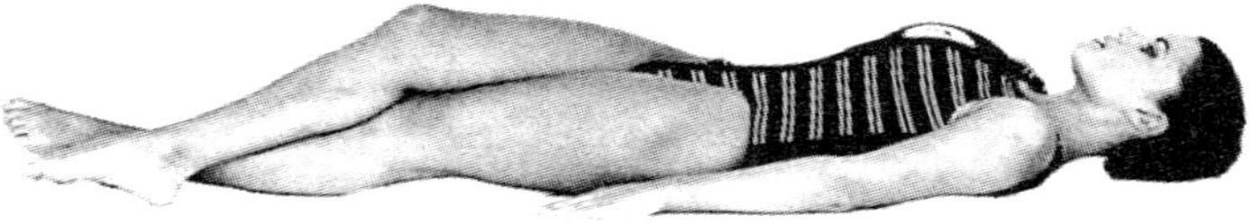

Abb. 64

7. – 14. Tag
Wie 3. – 7. Tag
Zusätzlich: Übung 5: Der Diagonalschwung, Stufe 1 (s. S. 129).

Von der 2. Woche an
Inzwischen können Sie sich schon wieder an das gesamte Übungsprogramm wagen. Beginnen Sie jede Übung mit der 1. Schwierigkeitsstufe, bis etwa sechs Wochen nach der Geburt. Dann können Sie ganz normal mit dem Programm fortfahren und sich wieder langsam bis zur 3. Stufe vorarbeiten.

Nur für Männer

Sie haben also endlich eingesehen, daß der Rettungsring um Ihren Bauch Sie keineswegs attraktiv macht und daß Ihr Bierbauch auch nicht übermäßig anziehend wirkt. Deshalb haben Sie beschlossen, etwas dagegen zu unternehmen. Herzlichen Glückwunsch!

Lassen Sie sich jetzt bloß von niemanden einreden, Sie seien eitel. Denn wenn Sie ein paar Pfunde abnehmen, sehen Sie anschließend nicht nur besser aus, sondern Sie tun vor allem eine Menge für Ihre Gesundheit. Ich erkläre Ihnen sofort weshalb.

Während Frauen überflüssiges Fett hauptsächlich an Hüfte und Oberschenkel ansetzen und nur im geringen Maß in der Bauchgegend (s.«Liegt es am Fett?», 1. Kapitel), konzentriert sich zusätzliches Gewicht bei Männern fast immer zwischen Brust und Hüfte. Untersuchungen haben ergeben, daß Menschen mit dickem Bauch wesentlich häufiger zu Herzkrankheiten (und Diabetes) neigen als solche, die an anderen Stellen des Körpers Fettpolster haben, etwa an den Beinen oder im Brustbereich. Diese sogenannte «Apfel-Figur»-Theorie korrespondiert genau mit der statistischen Erkenntnis, daß Männer häufiger an Herzkrankheiten leiden als Frauen.

Wenn Sie also ein typischer «Apfel»-Mann sind, mit schlanken Armen und Beinen und leichtem Übergewicht (vergl. die Tabelle auf Seite 15), wenn Sie vor allem um die

Taille herum etwas fülliger sind und einen kleinen Bauch haben, den Sie dauernd einziehen müssen, dann sollten Sie nicht länger zögern. Jetzt ist genau der richtige Zeitpunkt, Ihren Körper endlich wieder in Form zu bringen. Mit meinem Ernährungs- und Gymnastikprogramm ist das ganz einfach.

Bierbäuche – Fakten und Fiktionen

Gehören Sie zu den Männern mit einem sogenannten Bierbauch? Dann erzähle ich Ihnen jetzt etwas ganz Neues: In dem Bier, das Sie trinken, ist kein spezieller Stoff, der schuld daran ist, daß das Bier sich «auf Ihrem Bauch breitmacht» – abgesehen von den Kalorien, die es enthält.

Ein normales Glas Bier enthält etwa 100 Kalorien, ein Starkbier kann bis zu 200 Kalorien enthalten. Wenn Sie also der Typ Mann sind, der regelmäßig fünf Gläser Bier am Abend trinkt, können Sie sich ausrechnen, wie schnell Sie Fett ansetzen. Dasselbe Prinzip gilt übrigens auch für andere Speisen und Getränke: Wenn Sie gern Schokolade essen oder Kartoffelchips lieben, passiert genau das gleiche. Sie nehmen zu, und wenn Sie wie die meisten Männer ein natürlicher «Apfel» sind, sammelt sich das Fett an Ihrem Bauch an.

In der Regel sind Männer eher für ein Glas Bier zu gewinnen als für ein Stück Schokolade, deshalb ist die Bezeichnung «Bierbauch» entstanden. Doch es ist ganz egal, wo *Ihr* Bierbauch herstammt: mit dem Bauch-weg-Programm werden Sie ihn garantiert los. Übrigens möchte ich noch darauf hinweisen, daß Bier bei manchen Männern

Blähungen verursacht. Falls auch Sie unter diesem Problem leiden, jedoch auch in Zukunft nicht auf ein gelegentliches Bier verzichten möchten, versuchen Sie einfach mal eine andere Marke oder eine andere Brauart. Und wenn auch das nicht hilft – warum probieren Sie nicht einfach mal ein gutes Glas Wein?

Das Bauch-Weg-Programm – genau das Richtige für Sie

Das Bauch-weg-Programm ist wie geschaffen für Männer mit einem dicken Bauch oder Rettungsreifen auf den Hüften. Es hilft Ihnen nicht nur, das überflüssige Fett *schnell* wieder loszuwerden, sondern entspricht auch den jüngsten Forschungsergebnissen zum Thema Ernährung und Herzkrankheiten. Außerdem verhilft Ihnen das Programm zu einer regelmäßigen Verdauung und zu einer strafferen, gesünderen Haut, versorgt Sie mit neuer Energie und bewahrt Sie vor Hungergefühlen.

Das Programm ist:

- arm an gesättigten Fettsäuren und Cholesterin.
- salzarm. Ein zu starker Salzgenuß führt zu hohem Blutdruck und erhöht somit das Infarktrisiko.
- reich an Beta-Karotinen (ein Stoff der vor allem in grünen, gelben und orangen Gemüsen und bestimmten Obstsorten enthalten ist) und reich an Vitamin E sowie Vitamin C. Sowohl Beta-Karotin als auch die Vitamine E und C reduzieren sowohl das Infarkt- als auch das Krebsrisiko.

Außerdem versorgt Sie das Bauch-weg-Programm mit wenig Zucker und vielen löslichen Fasern (die inzwischen als wertvoller gelten als die unlöslichen Fasern auf Weizenbasis). Es bietet Ihnen eine sehr vielseitige und vor allem schmackhafte Ernährung. Der Genuß von Gewürzen, rotem Fleisch (wenn Sie es mögen), Butter, Käse und Eier ist gestattet. Erlaubt sind auch Bier und andere Alkoholsorten, diese allerdings nur in beschränkten Mengen.

Das Ernährungsprogramm basiert auf dem Konzept der sogenannten Positv-Neutral-Negativ-Ernährung. Sie sollen viele Positive Nahrungsmittel zu sich nehmen, einige Neutrale und möglichst keine Negativen. Eine ausführliche Darstellung dieses von mir entwickelten Ernährungskonzepts, mit dessen Hilfe Ihr Bauch praktisch beim Essen verschwindet, finden Sie im 2. Kapitel.

Jetzt müssen Sie nur noch entscheiden, welches der folgenden Programme für Sie persönlich das geeignete ist – dann können Sie beginnen.

Haben Sie das richtige Gewicht

Ziehen Sie sich aus und betrachten Sie sich einmal kritisch im Spiegel. Wenn Sie im Grunde schlank sind und nur um den Bauch herum ein bißchen Fett angesetzt haben, brauchen Sie wahrscheinlich kein kalorienreduzietes Ernährungsprogramm. Falls Sie unsicher sein sollten, orientieren Sie sich an untenstehender Gewichtstabelle. Wenn Ihr Gewicht nur leicht über dem Durchschnitt liegt, genügt es, wenn Sie die normale, nicht kalorienreduzierte Version des Bauch-weg-Programmes befolgen, die auf den folgenden Seiten erläutert wird. Wenn Sie zusätzlich das Bauchmuskeltraining befolgen, wird Ihr Bauch bald verschwunden sein.

Übrigens können Sie sich mit Hilfe der Liste im 2. Kapitel sowie der Kalorientabelle am Ende dieses Buches auch einen eigenen, individuellen Ernährungsplan zusammenstellen.

Haben Sie Übergewicht?
Wenn Ihr Gewicht dem in der Tabelle angegebenen Höchstgewicht entspricht oder gar darüber liegt, sollten Sie ein paar Pfunde abnehmen. In diesem Fall empfehle ich Ihnen die kalorienreduzierte Version des 15tägigen Bauchweg-Programms, die im 3. Kapitel beschrieben wird. Halten Sie sich jeweils an die kursiv gesetzten Angaben in Klammern.

Gewichtstabelle für Männer

Größe	*Durchschnittsgewicht*	*Mindest-/Höchstgewicht*
1,62 Meter	59 kg	53,5 – 67 kg
1,65 Meter	60,5 kg	55 – 69 kg
1,67 Meter	62 kg	56,5 – 71 kg
1,70 Meter	63,5 kg	58 – 73 kg
1,73 Meter	66 kg	60 – 75,5 kg
1,75 Meter	68 kg	62 – 77 kg
1,78 Meter	69,5 kg	63,5 – 79 kg
1,80 Meter	72 kg	65,5 – 81 kg
1,83 Meter	75,5 kg	67 – 84 kg
1,85 Meter	75,5 kg	69 – 86 kg
1,88 Meter	78 kg	71 – 88 kg
1,90 Meter	80 kg	73 – 90 kg
1,93 Meter	82 kg	75 – 93 kg

Frauen verlieren bei diesen Mengen zwar kein Gewicht, Männer jedoch werden wegen ihres höheren Kalorienbedarfes einige Pfunde abnehmen. Je nach Ausgangsgewicht können Sie während der fünfzehn Tage bis zu 4,5 Kilogramm verlieren. In Kombination mit den Gymnastikübungen ist das Ernährungsprogamm also ein idealer Weg zu einem schlanken, straffen Bauch. Lesen Sie bitte das 2. Kapitel aufmerksam durch, ehe Sie mit dem Programm beginnen.

Übrigens: Sobald Sie Ihr Idealgewicht erreicht haben, können Sie mit der normalen, nicht kalorienreduzierten Version des Bauch-weg-Programms weitermachen.

Das Bauch-weg-Programm für Männer
Die normale, nicht kalorienreduzierte Version

Grundsätzliche Hinweise

Sie nehmen täglich fünf Mahlzeiten zu sich – ein Frühstück, zwei Zwischenmahlzeiten, ein Mittagessen (das Sie auch mit ins Büro nehmen können) sowie ein Abendessen. Wenn Sie möchten, können Sie das Mittagessen auch abends zu sich nehmen und umgekehrt. Wenn Sie oder Ihre Partnerin gerne kochen: Im 4. Kapitel finden Sie zusätzliche Rezepte, die Sie jeweils gegen die etwas einfacheren Mahlzeiten austauschen können.

Gehen Sie sparsam mit Salz um, Sie werden sich bald an den «natürlichen» Geschmack der Nahrungsmittel gewöhnen und stark gesalzenes Essen gar nicht mehr mögen. Wenn Sie unbedingt möchten, können Sie jedoch einen Salzersatz benutzen.

Das Programm ist auch für Vegetarier geeignet. Sie finden eine spezielle Ausweichmahlzeit am Ende eines jeden Tagesplans.

Speisen und Getränke, die Sie in unbeschränkten Mengen zu sich nehmen dürfen

Die folgenden Lebensmittel können Sie ohne jede Einschränkung genießen: frische und getrocknete Kräuter, Zitronensaft, Salatblätter, Kräutertees, Früchtetees, Wasser und Mineralwasser.

Getränke

Sie dürfen jeden Tag etwa 250 ml entrahmte Milch trinken, im Tee, im Kaffee oder pur – ganz wie Sie möchten. Versuchen Sie jedoch, Ihren Tee- und Kaffeekonsum auf wenige Tassen pro Tag zu beschränken. Wenn in den Rezepten weitere Mengen an Milch angegeben sind, können Sie diese zusätzlich trinken.

Trinken Sie soviel Kräuter- und Früchtetee, wie Sie mögen, und viel Wasser - am besten ein ganzes Glas zu jeder Mahlzeit.

Bier und andere Alkoholsorten

Ich habe Ihnen bereits erklärt, daß Bier keine besonderen Stoffe enthält, die sich zwangsläufig an Ihrem Bauch absetzen, deshalb dürfen Sie auch weiterhin Bier trinken – aber in Maßen. Wichtig ist nur, daß Sie täglich nicht mehr Kalorien zu sich nehmen, als Sie verbrauchen, das gilt sowohl für Speisen als auch für Getränke.

In dem folgenden Speiseplan habe ich deshalb pro Tag 200 Kalorien für Bier oder andere alkoholische Getränke

eingeplant. Zusätzlich zu allen Speisen und Getränken, die ich oben bzw. in den einzelnen Tagesplänen angegeben habe, dürfen Sie also wöchentlich – wann und wie immer Sie wollen – folgende Getränke zu sich nehmen:
entweder vierzehn Gläser Bier
oder sieben große Scotch oder andere Spirituosen, auch mit kalorienfreier Cola gemixt
oder vierzehn Gläser Wein.
Diese Mengen sind allerdings das äußerste Maximum. Wenn Sie nicht soviel Alkohol trinken wollen, können Sie die 200 Kalorien auch in Form anderer Nahrungsmittel oder Getränke zu sich nehmen.

1. Tag

Nach dem Aufstehen
1 Tasse Zitronentee

Frühstück
1 Glas Orangensaft; 1 Becher Magermilchjoghurt mit einer zerkleinerten Banane
1 mittlere Scheibe Vollwertbrot mit kalorienreduzierter Butter oder Magarine und 2 TL Honig oder kalorienreduzierter Marmelade

Zwischenmahlzeit
2 Roggenknäcke mit 100 g Hüttenkäse

Mittagessen
2 Roggenknäcke, belegt mit kalorienreduzierter Butter oder Margarine und 75 g Brie
Gemischter Salat aus Tomaten, Blattsalat (beliebiger Sorte), Brunnenkresse, roter Paprika, Salatgurke und gehacktem Basilikum. Dazu ein French-Dressing oder 1 TL Mayonnaise
1 Pfirsich oder Apfel

Zwischenmahlzeit
50 g Sonnenblumenkerne; 1 Tasse Käutertee

Hauptmahlzeit
1 große Portion Hähnchenfleisch, gegrillt, gebraten oder in der Mikrowelle gegart
175 g Kartoffeln
Salat aus 1 Stange Staudensellerie, in Stücke geschnitten, 1/2 Apfel, 25 g Walnüsse. Darüber ein Dressing aus 1 TL kalorienreduzierter Mayonnaise, 1 TL Magermilchjoghurt, 1 TL Zitronensaft und gehackter Petersilie
oder 1 Portion Safranhähnchen mit einer doppelten Portion Orangenreis (Rezept s. Seite 66 f.)
oder 1 Portion Honighähnchen (Rezept s. Seite 68) sowie 8 EL Naturreis
225 g Melone sowie 100 g Vanilleeis als Dessert zu jedem Rezept

Für Vegetarier: eine große gebackene Kartoffel, gefüllt mit einer großen Portion Linsenpüree, dazu eine Portion Sellerie-Apfel-Salat (Rezept s. Hauptmahlzeit)

2. *Tag*

Nach dem Aufstehen
Früchtetee (beliebiger Sorte)

Frühstück
Frischer Fruchtsalat aus Melone, Erdbeeren oder Kiwi, Ananas, Apfel und Banane. Dazu 100 g Fromage frais, 1 TL Honig und 15 g ungezuckertes Müsli
1 mittelgroße Scheibe Vollkornbrot mit kalorienreduzierter Butter oder Margarine und 1 TL Honig

Zwischenmahlzeit
2 Reiscracker oder Roggenknäcke mit 1 TL Erdnußbutter

Mittagessen
Salat wie am 1. Tag:
1 kleine reife Adocado, mit French-Dressing gefüllt; 1 große Scheibe Vollkornbrot mit kalorienreduzierter Butter oder Margarine

Zwischenmahlzeit
1 Becher Fruchtjoghurt; 75 g getrocknete Aprikosen

Hauptmahlzeit
275 g Fischfilet, gebraten, gegrillt oder in der Mikrowelle gegart
225 g Pellkartoffeln mit 15 g Butter; 175 g Brokkoli; 100 g grüne Bohnen; Zitronenscheiben zum Garnieren oder 1 Portion Italienisches Fischsteak (Rezept s. Seite 69) oder 1 Portion Seezunge in Champignonsauce (Rezept s. Seite 70) sowie

Gemüseportion wie oben
100 g Trauben, 1 Banane und 25 g Brie als Dessert zu jedem Rezept

Für Vegetarier: Den Fisch weglassen, statt dessen das Gemüse mit 50 g Mandelblättchen bestreuen. Zum Dessert ein etwas größeres Stück Brie.

3. Tag

Nach dem Aufstehen
Zitronentee

Frühstück
1 Grapefruit
75 g ungezuckertes Müsli mit 150 ml Magermilch; 1 mittelgroße Scheibe Vollwertbrot mit kalorienreduzierter Butter oder Margarine und Honig oder kalorienreduzierter Marmelade

Zwischenmahlzeit
100 g Hüttenkäse
2 Stangen Sellerie und 5 Datteln

Mittagessen
2 hartgekochte Eier, halbiert, mit 1 1/2 EL kalorienreduzierter Mayonnaise auf Salatblättern angerichtet; Brunnenkresse oder Petersilie zum Garnieren

1 große Scheibe Vollwertbrot mit kalorienreduzierter Butter oder Margarine
1 Orange, 1 Banane

Zwischenmahlzeit
50 g Haselnußkerne; 150 ml Naturjoghurt

Hauptmahlzeit
2 mittelgroße magere Lammkoteletts, gegrillt
100 g Erbsen oder Mangold; 175 g Karotten oder Lauch, kurz gedünstet; 175 g Instant-Kartoffelpüree oder 175 g gebackene Kartoffeln
2 Teelöffel Minzsauce; 10 g Butter
oder 1 Portion Marokkanisches Lamm (Rezept s. Seite 71), dazu 7 EL gekochter Naturreis
oder 1 Portion Zitronen-Schmorbraten (Rezept s. Seite 72), dazu eine große Portion Salat und 175 g neue Kartoffeln

Für Vegetarier: Ersetzen Sie das Lamm durch 2 Tofu-Burger à 100 g.

4. Tag

Nach dem Aufstehen
1 Glas Orangensaft

Frühstück
50 g getrocknete Aprikosen, in Stücke geschnitten, dazu 175 g Magerjoghurt; 1 Banane

Zwischenmahlzeit
1 Apfel; 2 Roggenknäcke mit 100 g Weichkäse und einigen Scheiben Salatgurke

Mittagessen
225 g Melone; 150 g gekochtes mageres Hähnchenfleisch; Salat aus Tomaten, Salatgurke und gehacktem Basilikum
1 großes Vollwertbrötchen mit kalorienreduzierter Butter oder Margarine
oder 1 Portion Hähnchen, Reis und Bohnensprossen-Salat (Rezept s. Seite 73) sowie 15 g Mandeln

Zwischenmahlzeit
1 Orange; 25 Sonnenblumenkerne

Hauptmahlzeit
1/2 Grapefruit; 175 g Lachsfilet oder 275 g Forelle, gebraten, pochiert oder in der Mikrowelle gegart
oder 1 Portion Fenchelforelle (Rezept s. Seite 74);
100 g Mangold oder grüne Bohnen; 225 g neue Kartoffeln mit 10 g Butter; Zitronenscheiben zum Garnieren; 100 g Früchte nach Wahl mit 25 ml kalorienreduzierter Schlagsahne

Für Vegetarier: Mittags zusätzlich 150 g gewürfelten Tofu in den Salat mischen, den Fisch durch 1 großes Stück Soja-Hacksteak ersetzen.

5. Tag

Nach dem Aufstehen
Zitronentee

Frühstück
35 g Frühstücksflocken mit Magermilch; 1 mittelgroße Scheibe Vollwertbrot mit kalorienreduzierter Butter oder Margarine sowie Honig oder kalorienreduzierter Marmelade; 1 Apfel

Zwischenmahlzeit
225 g Melone oder 1 Orange; 50 g Edamer und 2 Roggenknäcke

Mittagessen
Salat aus 100 g Tunfisch, gut abgetropft, kleingeschnittener Salatgurke, Staudensellerie, Apfel und 150 g gekochten Vollkornnudeln, dazu ein French-Dressing, mit Petersilie garnieren und auf grünen Salatblättern anrichten

Zwischenmahlzeit
1 Stück Melone; 1 Fruchtjoghurt; 300 ml Magermilch

Hauptmahlzeit
1 Hähnchenbrust, enthäutet, mit einer Paste aus 50 ml Joghurt und 1 EL Tandori-Puder bestreichen und bei mittlerer Hitze 30 Minuten grillen oder 45 Minuten braten
225 gekochter Naturreis
2 Eßlöffel kleingeschnittene Salatgurke mit Naturjoghurt

1 Tomate, in Scheiben geschnitten und mit gehacktem Basilikum garniert
oder 1 Portion Paprikahähnchen (Rezept s. Seite 75)
oder 1 Portion Truthahn in Sherrysauce (Rezept s. Seite 76), dazu 225 g neue Kartoffeln und grüner Salat mit French-Dressing
75 g Eis als Dessert zu jedem Rezept

Für Vegetarier: Mittags zusätzlich 75 g Mozzarella in den Salat mischen, abends gibt es eine große gebratene Aubergine mit 35 g gerösteten Sesamkörnern, dazu den Reis und die Beilagen wie oben.

6. Tag

Nach dem Aufstehen
1 Glas Orangensaft

Frühstück
175 ml Naturjoghurt mit 175 g Erdbeeren, Himbeeren oder in Scheiben geschnittene Kiwi sowie 15 g Haferflokken
1 mittelgroße Scheibe Vollwertbrot mit kalorienreduzierter Butter oder Margarine sowie Honig oder kalorienreduzierter Marmelade

Zwischenmahlzeit
2 Roggenknäcke mit 1 EL Erdnußbutter

Mittagessen
1 Scheibe Melone
Salat aus 65 g Haselnüssen oder ungesalzenen Erdnüssen, 175 g geraspelten Karotten, 50 g gewürfelten Datteln, 1 TL Anissamen (nach Belieben), darüber ein Dressing aus 1 EL Orangensaft, Pfeffer und etwas Salzersatz
1 Pita-Brot

Zwischenmahlzeit
1 Orange und 1 Banane; 1 Fruchtjoghurt

Hauptmahlzeit
175 g mageres Roastbeef
175 g neue Kartoffeln; 150 g Blumenkohl; 100 g Frühlingsgemüse; 100 g Steckrüben, püriert; 1 Teelöffel Meerettich-Sauce; Sauce aus Rote-Bete-Saft und Bratensatz, mit 1 TL Maismehl andicken
oder 1 Portion Schmorbraten mit Austernsauce (Rezept s. Seite 77), dazu 100 g gekochter Naturreis oder Teigwaren
oder 1 Portion Champignon-Pilau (Rezept s. Seite 78)

7. Tag

Nach dem Aufstehen
Früchtetee nach Wahl

Frühstück
1/2 Grapefruit; 1 gekochtes Ei; 2 mittelgroße Scheiben Vollwertbrot mit kalorienreduzierter Butter oder Margarine und 2 TL Honig; 1 Banane

Zwischenmahlzeit
1 Pfirsich oder 1 Nektarine; 1 Fruchtjoghurt

Mittagessen
100 g Mozzarella, in Scheiben geschnitten
3 mittelgroße Tomaten, in Scheiben geschnitten; Basilikum, gehackt; 1 EL Olivenöl; Blattsalat nach Wahl; 1 große Scheibe Vollwertbrot mit kalorienreduzierter Butter oder Margarine

Zwischenmahlzeit
2 Roggenknäcke mit 1 EL Erdnußbutter; 1 Orange

Hauptmahlzeit
175 mageres Filet oder Rumpsteak, gegrillt
175 g neue Kartoffeln; 150 g Brokkoli; 100 g Erbsen; 1 mittlgroße Tomate; etwas Instant-Sauce oder 1 Portion Steak in Senfsauce (Rezept s. Seite 95), dazu 100 g neue Kartoffeln, 150 g Brokkoli und 1 Tomate
oder 1 Portion Spaghetti mit Linsenpüree (Rezept s. Seite 96)

8. Tag

Nach dem Aufstehen
Früchtetee nach Wahl

Frühstück
175 g Magerjoghurt, dazu 225 g kleingeschnittenes Obst, 1 Teelöffel Honig und 25 g ungezuckertes Müsli

Zwischenmahlzeit
1 Banane; 50 g getrocknete Aprikosen

Mittagessen
2 Roggenknäcke mit kalorienreduzierter Butter oder Margarine
100 g Edamer Käse, 175 g Melone, 1 Scheibe frische Ananas (oder kalorienreduzierte Konserve) und 50 g Salatgurke, alles in Würfel geschnitten. Darüber eine Sauce aus Zitronensaft, 1 Prise Ingwer und 1 TL Olivenöl. Mit gehackter Petersilie garnieren

Zwischenmahlzeit
1 Orange; 1 Fruchtjoghurt

Hauptmahlzeit
275 g Kabeljaufilet, in Folie gebraten oder in der Mikrowelle gegart
150 g grüner Paprika in Streifen und 150 g Tomaten, in Scheiben geschnitten, in einer beschichteten Pfanne mit 1 TL Maisöl dünsten
175 g gekochter Naturreis oder Pellkartoffeln
oder 1 Portion Rotbarsch-Spieß (Rezept s. Seite 81), dazu 7 EL gekochter Naturreis

Für Vegetarier: 1 gewürfelte Aubergine dünsten, mit Maisöl einreiben und statt des Fischs auf die Spieße stecken.
9.–15. Tag: wie 1.–7. Tag

Das Bauch-weg-Gymnastikprogramm

Das Trainingsprogramm, das ich im 5. Kapitel vorgestellt habe, ist für Männer ebenso geeignet wie für Frauen. Wenn Sie statt des Bierbauchs also lieber einen flachen, straffen Bauch haben möchten, fangen Sie am besten sofort mit der Gymnastik an. Dabei spielt es überhaupt keine Rolle, wie fit Sie zur Zeit sind, denn Sie können das Programm ganz auf Ihre persönlichen Leistungen zuschneiden. Falls Sie jedoch Gesundheitsprobleme irgendwelcher Art haben, sollten Sie erst mit Ihrem Arzt sprechen, ehe Sie mit dem Training beginnen.

Sobald Sie bei den einzelnen Übungen Schwierigkeitsstufe 3 erreicht haben, können Sie die Bauchübungen 1 – 6 zusätzlich erschweren, indem Sie Gewichte an Hand- und Fußgelenken befestigen.

Wenn Ihr Bauch schließlich so flach ist, wie Sie es sich wünschen, brauchen Sie das Übungsprogramm nur noch zweimal in der Woche durchzuführen, um Ihre neue Figur auch weiterhin zu behalten.

Werden Sie aktiv!

Da Sie gerade gute Vorsätze haben und Ihren Körper in Form bringen, sollten Sie die günstige Gelegenheit nutzen. Werden Sie endlich wieder aktiv und stärken Sie Kondition und Ausdauer. Sicher haben auch Sie früher viel mehr Sport getrieben. Als Schüler haben Sie regelmäßig am Schulsport teilgenommen, vielleicht haben Sie zusätzlich Fußball oder Volleyball gespielt, Sie sind häufig Fahrrad gefahren oder haben in der Diskothek bis zum Umfallen getanzt. Mit einem Wort: Sie waren rundum fit. Doch seit

Sie berufstätig sind, hat die Aktivität deutlich nachgelassen, habe ich recht?

Dabei ist eine gute Kondition nicht nur für Herz und Kreislauf wichtig. Mit jeder Bewegung verbrennt Ihr Körper zusätzliche Kalorien, die sich somit nicht mehr in Form von Fettpolstern auf Ihren Hüften ausbreiten können.

Nehmen Sie sich deshalb vor, jeden Tag irgendeine der folgenden Aktivitäten in Ihren Tagesplan einzubauen – Sie können ruhig abwechseln. Trainieren Sie mindestens zwanzig Minuten und steigern Sie die Trainingsdauer langsam. Vielleicht haben Sie ja auch Lust, wieder einem Sportverein beizutreten. Suchen Sie sich eine Sportart aus, die Ihnen früher einmal viel Spaß gemacht hat.

- Wandern: Wandern Sie so zügig Sie können, ohne völlig außer Atem zu geraten. Gehen Sie später ruhig auch einmal einen Berg hinauf.
- Radfahren: Steigern Sie Tempo und Streckenlänge langsam. Auch hier gilt: Nach einiger Zeit auch einmal bergauf fahren.
- Joggen: Beginnen Sie mit zügigem Gehen, das Sie langsam zum Laufen steigern. Vermeiden Sie dabei möglichst harte Straßenbeläge, und tragen Sie gutgepolsterte Schuhe.
- Schwimmen: Egal welchen Stil Sie bevorzugen – Sie müssen nur ausdauernd sein. Bedenken Sie, daß das in einem überfüllten Schwimmbad oft schwierig sein kann.

Betr.: Kleidung

Auch die Art und Weise, wie Sie sich kleiden, ist für Ihre Figur von Bedeutung, egal, ob Sie immer noch versuchen, den Bauch einzuziehen, oder bereits rank und schlank sind. Im folgenden Abschnitt gebe ich Ihnen einige nützliche Tips.

Wenn Sie Ihren Bauch immer noch verstecken müssen
In Hosen mit zu engem Bund, der unter dem Bauch kneift, sehen Sie niemals gut aus. Ebensowenig in Hemden, die über dem Bauch spannen. Dasselbe gilt für Gürtel, die entweder einen dicken Bauch einzwängen oder unter den Bauch geklemmt werden – sie lenken bestenfalls die Aufmerksamkeit ausgerechnet auf Ihre schwächste Stelle. Tragen Sie also grundsätzlich nur locker sitzende Gürtel und prägen Sie sich die folgenden Ratschläge gut ein:

- Anzüge (lässige Freizeitanzüge ebenso wie klassische Anzüge) sehen immer besser aus als Hose und Hemd bzw. Pullover.
- Ideal sind Anzüge mit breiten, gepolsterten Schultern, die lässig fallen, ohne dabei jedoch sackartig zu wirken.
- Eine Weste vertuscht einen runden Bauch.
- Es spielt keine Rolle, ob Sie Ein- oder Zweireiher bevorzugen, wichtig sind lediglich ein guter Schnitt und ein hochwertiges Material.
- Kurze Windjacken sind für Sie tabu – hüftlange Jacken sind viel vorteilhafter.
- Ebenfalls tabu sind enge T-Shirts und Pullover mit rundem Ausschnitt, vor allem, wenn Sie an den Schultern

sehr eng geschnitten sind. Tragen Sie lieber weite T-Shirts, die bis auf die Hüften reichen. Pullover sollten aus einem edlen Material bestehen und locker eingesetzte Raglanärmel haben. Tragen Sie darunter ein Hemd mit offenem Kragen.

- Kaufen Sie Ihre Pullover immer eine Nummer größer als nötig.
- Machen Sie einen großen Bogen um Velour- und Sweatshirt-Stoffe.

Jetzt, wo Sie schlank sind ...

Das können Sie tun, um noch schlanker zu wirken:

- Beachten Sie auch weiterhin obenstehende Tips.
- Tragen Sie niemals Kleidung, die Ihnen zu eng ist.
- Günstig sind Längsstreifen an Hosen.
- Ebenfalls vorteilhaft sind Pullover mit V-Ausschnitt oder vertikal verlaufenden Mustern.
- Hosen mit Bügelfalte sitzen immer besser als rundgebügelte.
- Hosen mit niedrigem Bund verlängern optisch den Oberkörper und lassen die Taille schlanker erscheinen.
- Meiden Sie ausgestellte Hosenbeine, es sei denn, Sie haben sehr lange und schlanke Beine.

So halten Sie Ihren Bauch auch künftig in Form

Das 15tägige Programm ist nun beendet. Sicher möchten Sie gern wissen, was Sie in Zukunft tun können, um den flachen Bauch nicht wieder zu verlieren.

Also gut. Betrachten Sie als erstes Ihre neue Figur im Spiegel. Für Leute mit «normalen» Bauchproblemen, d. h. solchen, die nicht mehr als 3 – 4,5 Kilo abnehmen müssen, ist das 15tägige Programm in der Regel ausreichend. Deshalb werden die meisten von Ihnen nun mit ihrem Aussehen rundum zufrieden sein. Wenn Sie jedoch starkes Übergewicht hatten oder einen extrem dicken Bauch, sind Sie vielleicht noch nicht am Ziel Ihrer Wünsche. In diesem Fall schlage ich Ihnen vor, das Bauch-weg-Programm noch eine Weile fortzusetzen. Machen Sie weiterhin täglich das komplette Gymnastikprogramm, und essen Sie nach dem kalorienverminderten Ernährungsprogramm. Im Grunde können Sie dies unbesorgt so lange tun, bis Sie mit der Form Ihres Bauchs zufrieden sind.

Sind Sie das jetzt schon, genügt es, wenn Sie künftig nur noch das Gymnastikprogramm aus dem 5. Kapitel befolgen. Trainieren Sie am besten zweimal pro Woche, dann bleibt Ihr Bauch ganz sicher flach und straff. Wahrscheinlich werden Sie inzwischen für eine Trainingseinheit höchstens noch dreißig Minuten benötigen.

Wenn Sie einmal sehr wenig Zeit haben, sollten Sie auf jeden Fall versuchen, wenigstens ein Kurzprogramm zu

absolvieren – das ist immer noch besser als nichts. Für das Kurzprogramm brauchen Sie etwa zwanzig Minuten, das ist doch wirklich nicht die Welt, oder? Überlegen Sie genau, ehe Sie behaupten «Ich habe keine Zeit». Denn das Übungsprogramm zweimal pro Woche sollte Ihnen zu einer Gewohnheit werden, die Ihnen Spaß macht und auf die Sie sich freuen. Sie sollten sich diese Zeit wirklich gönnen. Denn was ist schließlich wichtiger als Ihr Wohlbefinden und Ihr Aussehen?
Das Kurzprogramm besteht aus folgenden Übungen:

Aufwärmphase wie üblich. Bitte nicht überspringen!
Übung 2 – Die Seitenrolle
Übung 3 – Die Sitzwaage
Übung 6 – Die Klammer
Übung 8 – Kobra mit ihrem Jungen
Übung 10 – Der Ausfallschritt
Abkühlphase – Lange Körperstreckung, etwa drei Minuten.

Vor Übung 2, 3 und 6 sollten Sie einen «Beckenschub» ausführen, anschließend jeweils ein «Knieanziehen».

Das Gymnastikprogramm und möglichst viel sonstige Bewegung – Wandern, Schwimmen, Radfahren oder was immer Sie mögen – halten Sie rundum fit. Und denken Sie auch an die Tips zur Körperhaltung, die ich Ihnen im 6. Kapitel gegeben habe. Sie sind sehr wichtig. Denn wenn sich Ihre Haltung nicht entscheidend verbessert, werden Sie nie einen wirklich flachen Bauch bekommen!

Ihre Ernährung

Befolgen Sie weiter das normale, nicht kalorienverminderte Bauch-weg-Programm, das für Frauen im 3. Kapitel und für Männer im 9. Kapitel beschrieben ist. Sie können sich nach diesem Programm richten, solange Sie möchten. Auf ganz lange Sicht empfehle ich Ihnen jedoch, einige Gerichte selbst zu entwickeln. Nehmen sie dazu die Kalorientabelle im Anschluß an dieses Kapitel zu Hilfe sowie die Listen der positiven und neutralen Nahrungsmittel im 2. Kapitel.

Das Konzept der Positiv-Neutralen-Negativ-Ernährung bietet Ihnen ein *gesundes* Ernährungsprogramm für das ganze Leben.

Noch eine Bitte zum Schluß: Schreiben Sie mir doch, und berichten Sie mir, wie es Ihnen mit dem Bauch-weg-Programm ergangen ist. Ich würde mich sehr freuen!
Judith Wills, c/o Sphere Books, Orbit House, 1 New Fetter Lane, London EC1 4 AR, England.

Anhang

Kalorientabelle

Die folgende Liste enthält die wichtigsten positiven und neutralen Nahrungsmittel, die Sie während des Bauchweg-Programms zu sich nehmen.
Die Kaloriengaben sind Näherungswerte.

		kcal
Brot und Backwaren	Haferkuchen, 1 Stück	50
	Reiscracker, 1 Stück	25
	Roggenbrot, dunkel, 25 g	90
	Roggenbrot, hell, 25 g	70
	Roggenknäcke, 1 Stück	30
	Vollkorn-Pitabrot, groß, 1 Stück	170
	Vollkorn-Pitabrot, klein, 1 Stück	90
	Vollwertbrot, 25 g	60
	Weizenkeime, 25 g	65

		kcal
Dressings und Gewürze	Austernsauce, 1 Teelöffel	4
	Essig	0
	French-Dressing, 1 Eßlöffel	75
	Knoblauch	0
	Kräuter, frisch oder getrocknet	0
	Maismehl, 1 Teelöffel	10
	Mayonnaise, 1 Teelöffel	80
	Mayonnaise, kalorienreduziert, 1 Teelöffel	40
	Sojasauce, 1 Teelöffel	4
	Worchestershiresauce, 1 Teelöffel	4
Frühstücks-flocken	Cornflakes, 25 g	95
	Haferflocken, 25 g	110
	Haferschleim, 1 kleine Schüssel	150
	Müsli ohne Zuckerzusatz, 25 g	105
	Weetabix, 1 Stück	65
	Weizen, geschrotet, 25 g	75
Eier Roh, gebraten, gekocht oder pochiert je Ei		
	Größe 2	90
	Größe 3	80
	Größe 4	75
Eiscreme	Vanilleeis, 25 g	50

		kcal
Fette, Speiseöle	Butter, 25 g	210
	Butter für 1 Scheibe Brot	50
	Butter, kalorienreduziert, 25 g	105
	Erdnußbutter, 1 Teelöffel	70
	Öl, Olivenöl, Maisöl, Sonnenblumenöl, 25 g	210
	dito, 1 Eßlöffel	120
	Sonnenblumenmargarine, 25 g	210
	Sonnenblumenmargarine für 1 Scheibe Brot	30
Fisch *Wenn nicht anders angegeben, beziehen sich alle Angaben auf je 25 g*	Austern, 1 Stück	5
	Fischstäbchen, 1 Stück, gebraten	50
	Forelle, 1 Stück, gegrillt	200
	Forellenfilet, roh	40
	Hecht, roh	25
	Hering, 1 Stück à ca. 175 g, gegrillt	240
	Hering, Filet, roh	65
	Heilbutt, Filet, roh	30
	Kabeljau, Filet, roh	20
	Krebs, ohne Schale	35
	Lachs, Filet	55
	Lachs, geräuchert	65
	Makrele, Filet, roh	60
	Makrele, 1 Stück à 225 g, gegrillt	325
	Meerbarbe, roh	40
	Muscheln, ohne Schale	25

		kcal
	Muscheln, ohne Schale	25
	Rochen, Filet, roh	30
	Rotbarsch, roh	20
	Sardinen, aus der Dose, gut abgetropft	60
	Sardinen in Tomatensauce	50
	Schellfisch, Filet, roh	20
	Scholle, Filet, roh	25
	Seezunge, Filet, roh	25
	Thunfisch in Öl, gut abgetropft	60
Fleisch, Wild, Geflügel *Wenn nicht anders angegeben, beziehen sich alle Angaben auf je 25 g*	Birkhuhn, ohne Knochen	50
	Ente	35
	Fasan, ohne Knochen	60
	Frikadelle, 1 kleine	100
	Hähnchen, gegrillt oder gebraten, mit Knochen	40
	Hähnchen, gegrillt oder gebraten, mit Haut	60
	Hähnchenschenkel, gegrillt oder gebraten	250
	Kalbsfleisch, gebraten oder gegrillt	30
	Kalbsschnitzel, etwa 100 g	110
	Kaninchen	50
	Lamm, mageres Filetfleisch	50
	Lamm, mageres Kotelett	200
	Leber	50

		kcal
	Nieren, 1 Lammniere	50
	Rebhuhn, ohne Knochen	60
	Rindfleisch, mager, gegrillt oder gebraten	50
	Schweinefleisch, mager, gegrillt oder gebraten	50
	Truthahn	40
	Zunge	60
Gemüse	Artischocke	10
Wenn nicht anders angegeben, beziehen sich alle Angaben auf je 25 g das Gemüse kann ohne Fett roh, gekocht, gedünstet oder in der Mikrowelle gegart sein	Aubergine	4
	Avocado, eine halbe	250
	Blumenkohl	4
	Bohnen, grün	15
	Bohnensprossen	5
	Brokkoli	5
	Brunnenkresse	5
	Champignons	5
	Chicorée	3
	Chinakohl	3
	Erbsen, frisch oder tiefgefroren	15
	Fenchel	5
	Gurke	3
	Karotten	5
	Kartoffeln, alt	25
	Kartoffeln, neu	22
	Kartoffeln, gebacken, 175 g	150
	Kartoffelpüree, instant	20

		kcal
	Kürbis	3
	Rot-, Weißkohl	4
	Mais	25
	Paprika	4
	Porree	10
	Radieschen, 1 Stück	2
	Rosenkohl	5
	Rote Bete	12
	Salat, alle Sorten	3
	Spargel, 1 Stange	5
	Spinat	7
	Stangenbohnen	5
	Staudensellerie, 1 Stange	3
	Steckrüben	5
	Süßkartoffeln	25
	Tomaten	4
	1 Tomate, ca. 50 g	10
	als Konserve	3
	Zucchinis	4
	Zwiebeln	5
Getränke	Bier, Pils, Export, andere Biersorten, 200 ml	90
	Früchtetee, alle Sorten	0
	Kaffee, schwarz	0
	Kräutertee, alle Sorten	0
	Saft, je 25 ml	
	Ananas	11
	Apfel	10

		kcal
	Gemüse	5
	Grapefruit	10
	Orange	10
	Pfirsich	10
	Tomate	5
	Tee, schwarz	0
	Wein, 1 Glas à 150 ml	90
Hülsenfrüchte	Gebackene Bohnen, 25 g	15
	Kichererbsen, gekocht, 25 g	40
	roh, 25 g	90
	Kidneybohnen, aus der Dose oder gekocht, 25 g	25
	roh, 25 g	80
	Linsen, braun oder grün, gekocht, 25 g	30
	roh, 25 g	100
	Linsensuppe, 1 kleiner Teller	200
	Sojabohnen, gekocht, 25 g	50
	roh, 25 g	110
Käse	Bel-Paese	95
	Boursin	115
	Brie	90
	Camembert	90
	Edamer	90
	Fromage frais:	
	halbfett	15

		kcal
	normal	35
	mit Früchten	35
	Hüttenkäse:	
	einfach	27
	mit Früchten	24
	Mozzarella	90
	Weichkäse, aus entrahmter Milch	25
	Weichkäse, halbfett	45
Milchprodukte	Joghurt	
	Magermilchjoghurt, 25 g	15
	Vollmilchjoghurt, 25 g	25
	Fruchtjoghurt, 25 g	25
	Diätjoghurt, 125 g	50
	Milch	
	Magermilch, 1/2 Liter	250
	Vollmilch, 1/2 Liter	400
	Saure Sahne, 100 g	120
	Schlagsahne, 100 g	300
Nüsse und Samen	Cashew-Kerne	160
	Erdnüsse, frisch, ungesalzen	160
	Haselnüsse	105
	Kokosnuß	100
	Kürbiskerne	175
	Mandeln	160
	Maronen	48

		kcal
	Paranüsse	175
	Pinienkerne	180
	Sesam	160
	Sonnenblumenkerne	170
	Walnüsse	150
Obst	Ananas, 1 Scheibe	25
Sofern nicht anders angegeben, beziehen sich alle Angaben auf je ein Stück	Ananas, aus der Dose, 25 g	15
	Apfel	50
	Aprikosen, frisch	15
	Aprikosen, getrocknet, 25 g	50
	Bananen	70
	Birnen	50
	Brombeeren	10
	Datteln	15
	Erdbeeren, 25 g	7
	Feigen	30
	Grapefruit	30
	Himbeeren, 25 g	7
	Johannisbeeren, rot, 25 g	10
	Johannisbeeren, schwarz, 25 g	10
	Kirschen, 25 g	10
	Kiwi	30
	Mandarinen	20
	Mandarinen, aus der Dose, 25 g	10
	Mango	100
	Melone, 225 g	30
	Nektarinen	40

		kcal
	Orangen	50
	Pflaumen	20
	Pfirsiche	50
	Rhabarber, 1 Stange	5
	Rosinen, 25 g	70
	Stachelbeeren	40
	Stachelbeeren, aus der Dose, 25 g	10
	Sultaninen, 25 g	70
	Weintrauben, 25 g	15
	Zitronen	20
Reis	Gekocht, 25 g	35
	Roh, 25 g	100
Süßwaren, Zucker	Gelee, kalorienreduziert	50
	Honig	80
	Marmelade, kalorienreduziert	50
	Zucker, 1 Teelöffel	25
	1 Würfel	10
Teigwaren	Vollkorn-Nudeln, gekocht, 25 g	35
	Vollkorn-Nudeln, roh, 25 g	100
Vegetarische Produkte	Soja-Hackfleisch, 25 g	95
	Tofu, abgetropft, 25 g	25
	Tofu-Burger, 1 Stück	150